Geschlechtlichkeit und Erziehungsauftrag

MENSCHENKUNDE UND ERZIEHUNG

39

Schriften der Pädagogischen Forschungsstelle
beim Bund der Freien Waldorfschulen

STEFAN LEBER

Geschlechtlichkeit und Erziehungsauftrag

Ziele und Grenzen der
Geschlechtserziehung

VERLAG FREIES GEISTESLEBEN

CIP-Kurztitelaufnahme der Deutschen Bibliothek

Leber, Stefan:
Geschlechtlichkeit und Erziehungsauftrag:
Ziele und Grenzen der Geschlechtserziehung /
Stefan Leber. –
Stuttgart: Verlag Freies Geistesleben, 1981.
(Menschenkunde und Erziehung; 39)
ISBN 3-7725-0239-3

© 1981 Verlag Freies Geistesleben GmbH Stuttgart
Herstellung: Greiserdruck Rastatt

Inhalt

Vorwort

Seit Jahren wird bei öffentlichen Tagungen, die der Bund der Freien Waldorfschulen veranstaltet, in zahlreichen Abwandlungen die eine Frage gestellt: «Was sagt die Pädagogik Rudolf Steiners zur Geschlechtserziehung? – Verdrängt, negiert sie die Sexualität? – Welche Gesichtspunkte ergeben sich aus einem geisteswissenschaftlichen Menschenverständnis?» Dazu liegen sowohl in dem umfangreichen Werk Rudolf Steiners bedeutende Erkenntnisansätze als auch Erfahrungen in den Waldorfschulen vor, die allerdings nicht schriftlich gefaßt wurden. Stellt man sich dieser Aufgabe, so ergibt sich sofort ein grundsätzliches Problem, das vor Jahren (1955) Schelsky[1] so beschrieb: «Über geschlechtliches Verhalten vor einer breiteren Öffentlichkeit zu sprechen oder zu schreiben, gehörte einmal zu den Dingen, die für einen Privatmann als ungehörig, für einen Gelehrten nur in ganz gewichtigen Ausnahmefällen als zulässig angesehen wurden ... Die Berechtigung einer solchen Einstellung ... ist als eine gefühlsmäßige Hemmung heute noch weit verbreitet, gilt aber gerade unter den modernen, sich ihrer allseitigen Bewußtheit und unvoreingenommenen geistigen Offenheit sicheren Intellektuellen ... als hoffnungslos altmodische Ansicht ... Und trotzdem halte ich jene altmodische Ansicht für die einzig richtige.»

Und weil das so war und ist, wurde das Feld von jenen, die es da leichter hatten, mit Anschauungsweisen über die Sexualität besetzt, die zwar eindeutig und entschieden, aber eben auch allzu einseitig ausfielen. Für die hier zu erörternde Betrachtungsart wird bewußt, daß in den verschiedenen Positionen sich «die ganze Richtung der Seele» ausdrückt, daß es deshalb «auf die ganze Form und Auffassung der Seele» ankommt, wenn über die Geschlechtlichkeit gesprochen wird. «Mißverständnis und Wahrheit» sind dabei durch eine «Spinnwebenwand» nur getrennt[2].

[1] Soziologie der Sexualität, Hamburg 1955, S. 7.
[2] R. Steiner: Weltwesen und Ichheit, GA 169, V. v. 4. 7. 1916.

Vor diesem Hintergrund soll versucht werden, die Thematik zu entfalten, wobei auf eine mehr soziologische Auseinandersetzung der sechziger Jahre, dann auf ein Seminar während einer pädagogischen Sommertagung (teilweise zusammen mit Wolfgang Schad) sowie auf Unterrichtserfahrung und auf Darstellungen vor Eltern zurückgegriffen werden konnte; schließlich wurde dann aus der fast unübersehbaren Literatur zumindest einiges – z. T. in gegensätzlichen Positionen – gesichtet und daraus Nutzen gezogen. Gleichwohl bleibt die Darstellung unzulänglich, weil der Einbezug aller notwendigen Komponenten von Biologie, Psyche, Soziologie und der Geistigkeit des Menschen nicht so einfach bei einem solcherart besetzten Gebiet glücken wird.

September 1980   *Stefan Leber*

I. Geschlechtserziehung –
Unsicherheit in diesem Jahrhundert

Die Frage, ob und wann und – wenn ja – wie Kinder «aufzuklären» sind, wurde im Verlauf dieses Jahrhunderts zu einer außerordentlich drängenden. Dies ist daran abzulesen, daß es inzwischen eine für den einzelnen unübersehbare Flut wissenschaftlicher wie populärwissenschaftlicher Veröffentlichungen, Hinweise und Traktate gibt, die diese Frage behandeln[3]. Darin zeigt sich gerade die Unsicherheit des Verhaltens. Denn wo der Mensch sicher ist im Inhalt und in der Art und Weise, im Wie, erübrigt es sich natürlich, das, was man weiß und zuverlässig handhabt, durch schriftliche Aussagen stets neu zu vergegenwärtigen. So war es gerade die aufkommende Unsicherheit, aber auch die kritische Haltung gegenüber einer überlieferten Praxis der Aufklärung, die schließlich dazu geführt haben, daß ein immenses Material zusammengetragen wurde zu der Frage, wie die Aufklärung in verschiedenen Kulturen jeweils praktiziert wurde. Die Kulturanthropologie konnte inzwischen eine von unseren Verhältnissen völlig abweichende Art aufzeigen – vielleicht ist dies eine ganz ursprüngliche Stufe –, wie den Kindern eine Kenntnis von Zeugung und Geburt sowie der dazwischenliegenden Embryonalentwicklung vermittelt wurde. Diese Vermittlung war, sowohl was die biologische Seite anbetraf als auch was den erklärenden, bildlich-mythologischen Gehalt ausmachte, in sich stimmig, durch endlich lange Zeiträume gleichbleibend und damit gesichert. Welche Bilder und welche Vermittlung angewandt wurden, war ebenso verschieden wie die Art, in der die Kindheit durchlebt wurde. So schildert Margaret Mead in ihren klassisch gewordenen Studien drei gänzlich verschiedene Kindheitstypen: auf geographisch sehr engem Raum die der friedfertigen Arapesh vom Berge, der mißtrauischen Mundugumor mit ihrem Wettstreit der Geschlechter und die durch Frauenherrschaft ausgezeichneten Tschambuli vom See[4].

---

[3] Vgl. Literaturübersicht bei N. Kluge: Einführung in die Sexualpädagogik, Darmstadt 1978, S. 189 ff. oder W. Grüninger (Hg.): Schriften und Unterrichtsmittel zur Geschlechtserziehung, 3. Aufl. Stgt. 1975.
[4] Vgl. Margaret Mead: Jugend und Sexualität in primitiven Gesellschaften,

Die Einstellung gegenüber den Geschlechtern prägt die Kindheit wie die sexuellen Verhaltensweisen; dies kann hier nur erwähnt, jedoch nicht näher ausgeführt werden. So gibt es auch verschiedene Eheformen: neben der Polygamie des Mannes, wie sie der Islam kennt, die abendländische Form der Monogamie mit all ihren Brüchen, aber auch bei einigen Völkern – so bei nomadisierenden Tibetern oder bei Eskimos – Vielmännerei, im einen Fall, weil der Boden nur eine bestimmte Nachkommenzahl ernährt, im anderen, weil Frauenmangel herrscht, wobei der einzelne verehelichte Jäger auch Anrecht auf eine andere als die eigene Frau hat. Das Leben ist gleichwohl streng geregelt[5]. Staunend entdeckten die Forscher, daß auch ganz andere als die abendländischen Normen möglich sind, wobei sich so die eigene Überlieferung relativierte. So verschieden im einzelnen die Handhabungen der Aufklärung dort auch sein mögen, sie sind in jedem Fall für die Erwachsenen, wohl aber auch für die Kinder problemloser als in unserer Gegenwart.

In früheren Jahrhunderten dagegen galt das auch für unsere eigene Kultur. So hat der französische Historiker Philippe Ariès[6] nachgewiesen, wie einerseits durch das Mittelalter bis in die Neuzeit ein Begriff für das typisch Kindliche, d. h. für den besonderen Wert des kindlichen Daseins, fehlte und andererseits deshalb kein Thema und kein Lebensbereich den Kindern vorenthalten wurde oder, anders ausgedrückt, sie erlebten mehr oder minder deutlich einen großen Teil dessen, was mit dem Fortpflanzungs- und Geburtsgeschehen verbunden ist, in ihrer Umgebung mit und lernten so alle Lebensverhältnisse wie selbstverständlich und naturgegeben.

Erst als sich in der Renaissance ein Raum des «Privaten» – vom «öffentlichen» oder alltäglichen Leben abgeschieden – dann auch in der Baugestalt herausbildete, trennte sich aus den Gesamterscheinungen des Lebens die Sphäre der geschlechtlichen Vereinigung als etwas Häusliches, Familiäres und damit Verborgenes ab: In den Bauwerken wird zum erstenmal das Schlafzimmer dem Blick der Großfamilie und der Gäste entzogen und zum Ort des Privaten, an dessen «innerem Leben» fortan nicht mehr jedermann teilzuhaben hat. Das schafft dann auch tiefgrei-

Bd. 3: Geschlecht und Temperament in drei primitiven Gesellschaften, Mchn. 1971.
[5]   M. Hermann: Die Familie der A Mdo-Tibeter, Frbg./Mchn. 1959; P. Frenchen: Book of the Eskimo, Cleveland 1961.
[6]   In seiner «Geschichte der Kindheit», München 1976.

fende psychologische Probleme, so z. B. überhaupt erst die Frage der
«Aufklärung». Denn erst wo sich die Geschlechtlichkeit der Wahrnehmung durch den Rückzug ins Schlafzimmer für das Kind entzieht, stellt
sich die Frage nach der Kenntnis-Vermittlung. *Neurosen* treten demgemäß auch zuerst im Bürgertum auf, in der Schicht, die diese Entwicklung
trägt[7].

Dieser sich allmählich vollziehende Umschwung zum Privaten geht
parallel mit jener historischen Erscheinung, die tiefgreifende Einflüsse
auf das Glaubensleben mit sich bringt: der *Reformation*. Es war die
Reformation, die insbesondere in ihrer calvinistisch-puritanischen Ausprägung auch einschneidende Folgen für das Verhältnis des Menschen
zur Geschlechtlichkeit hatte. Während in den mittelalterlichen Zeiten
eine herausgehobene Gruppe, nämlich die Mönchsorden und der Klerus,
nach Überwindung der Geschlechtlichkeit trachteten und Keuschheit
und Ehelosigkeit zu einem wesentlichen Inhalt ihres geistig-religiösen
Strebens machten, wird durch den Puritanismus diese Grundhaltung
gegenüber dem Geschlechtlichen so weit verallgemeinert, daß Geschlechtlichkeit außerhalb der ehelichen Fortpflanzungsaufgaben mit der
Sünde zusammenfällt. Die Geschlechtlichkeit als solche gilt fortan als
lasterhaft, als etwas, worüber nicht oder nur verschämt gesprochen wird.
Da jedoch die Triebmacht des Geschlechtlichen schon deshalb fort-
dauern wird, um die Menschheit biologisch zu erhalten, aber zugleich
mit der überlieferten christlichen Moralvorstellung kollidiert, weil der
«inferiore, d. h. niedere Bereich» verdrängt wird, wird das Verhalten
gegenüber der Geschlechtlichkeit doppelbödig und zwiespältig, also
unabgesichert.

Dieser Widerspruch erhielt allerdings seine Ausprägung nicht gleich
zu Beginn, sondern erst, als die kritische Bewegung des Rationalismus,
der gedanklich-philosophischen «Aufklärung» im 17./18. Jahrhundert,
nur noch das vor der sich rechtfertigenden Verstandestätigkeit bestehen
ließ, was diesseitig war; alles Mirakulöse, Wundersame wurde aus
diesem Weltverständnis ausgemerzt. Dennoch lebte der Glaubensbe-
reich unbeschadet aller Vernunftbemühungen als eine nicht zu unterdrückende Kraft fort, und zwar aus zwei Gründen: 1. erlebte der

---

[7] Vgl. zur psychologischen Seite, auf die wir später kurz zurückkommen: Jan
Hendrik van den Berg: Metabletica – Über die Wandlung der Menschen,
Göttingen 1960. Allgemeiner wird diese Entwicklung dargestellt in: Norbert
Elias: Über den Prozeß der Zivilisation, 2. Bd., Frkf. 1976.

Mensch ein Mächtiges, das ihn ansprach, subjektiv in sich, das er als Göttliches anerkannte; 2. gab es nach wie vor Unerklärliches in den Naturerscheinungen: Erdbeben, Dürre, Sturmkatastrophen und Flut verbargen ihre Ursachen weiterhin und stellten den Menschen vor Rätselfragen. Je mehr sich die überlieferte Glaubensgewißheit gegen eine nur rationalistische Aufklärung zur Wehr setzt, desto mehr bildet sich ein Milieu der Scheinheiligkeit, Verklemmung und Bigotterie aus. Vor allem das ausgehende 19. Jahrhundert trieb hierbei gewisse dumpfe Treibhauspflanzen hervor, ob nun in Österreich, im Wilhelminischen Reich oder im Viktorianischen Zeitalter – die innere Unwahrhaftigkeit bleibt sich ähnlich. Der Katholizismus war durch die Doppelbödigkeit weniger beeinflußt, weil bei der Einhaltung bestimmter Glaubensinhalte durchaus auch Raum für ein sinnenfrohes Leben bestand, wie z. B. die Kultur des Barock zeigt.

[handschriftliche Randnotiz: „Kultur des Barock" ist Kultur der damals Herrschenden und für die Unterdrückten neurotischer Ersatz]

So steht seit dem ausgehenden 19. Jahrhundert eine Erkenntnisaufgabe vor dem Menschen: «zu erkennen das Gebiet der Geschlechtlichkeit, zu erkennen, was es mit der Fortpflanzung, was es mit der Embryonalentwicklung und mit dem Geburtsvorgang auf sich hat», wie es Rudolf Steiner vorausblickend in einem Vortrag vom 9. Oktober 1918 formuliert[8]. In diesem umfassenden Zusammenhang ist auch die Frage der Unterweisung der Kinder über Zeugung und Geburt sowie über die Geschlechtlichkeit des Menschen zu sehen. Aufklärung der Kinder über dieses Gebiet setzt aber voraus, daß sich das menschliche Bewußtsein selbst über diese Tatsachen «aufklärt», also über das bloße Meinen und Glauben zum Erkennen vordringt.

Von einer Erkenntnissicherheit auf diesem Gebiet ist die Menschheit indessen noch recht weit entfernt. Dies können zwei Gegenwartsbeispiele illustrieren: In dem 1978 erschienenen Buch von Vance Packard[9], das sich weitgehend mit der hier skizzierten Fortpflanzungs-Thematik beschäftigt, werden heute gängige wissenschaftliche Überlegungen über extra-uterine Befruchtung referiert, die im Reagenzglas mit dem Sperma des eigenen Ehemannes oder anderer «Spender» erfolgen kann. Ebenso sind Überlegungen referiert, nach denen in Zukunft Miet-Mütter diese Last übernehmen, vielleicht sogar Tiere mit derselben Tragzeit wie der

[8] In: Der Tod als Lebenswandlung, GA 182, Dornach 1969.
[9] «Die große Versuchung», Düsseldorf.

12

Mensch. Hierzu mögen sich Kühe besonders eignen. Das «Klonen», wonach aus einer beliebigen Zelle des väterlichen oder mütterlichen Organismus völlig identische – erbgleiche – Nachfolgeorganismen erzeugt werden, steht im Zentrum wissenschaftlicher Forschung; wäre doch dadurch die ewige biologische Existenz des einzelnen gesichert. Dies gelingt bisher schon bei Tomatenpflanzen, Fröschen und vielleicht auch Mäusen und wird in Zukunft für den Menschen von manchen erhofft, von anderen als apokalyptischer Schrecken gefürchtet.

Alle diese Überlegungen weisen eine gemeinsame Denkstruktur auf. Sie verstehen den Menschen ebenso wie technische Geräte rein mechanistisch und damit letztlich prinzipiell als durchschau- und *machbar*. Dieser Neigung, alles mechanistisch, geistlos, diesseitig zu erklären, liegt ein rationalistisches, «aufklärerisches» Streben zugrunde, das bisher in aller Technologie gewaltige, unübersehbare Triumphe gefeiert hat und sicherlich noch weiter feiern wird. Nur: sprechen auf dem Gebiet des Lebens nicht ganz andere Tatsachen? Bleiben hier nicht gegenüber allem mechanistischen Verständnis unerklärliche Reste, und zwar unauflösbare, die, wenn sie nicht beachtet werden, sich gegen den Menschen selbst kehren? In den Umweltproblemen wird der Mensch dieser Tatsache ansichtig. Für ihn selbst gilt: Weder Schiller noch Goethe lassen sich aus ihren Vorfahren erklären, sondern gerade in der Originalität sind beide unverwechselbar, sind sie Individualität. Ist nicht eine *Erkenntnisausweitung* über das Wesen des Menschen und gegenüber der Welt notwendig?

Ein zweites Beispiel der Erkenntnisunsicherheit verdeutlicht dies vielleicht noch intensiver. In der «Umschau in Wissenschaft und Technik» (Nr. 17, 1978) wird die Frage diskutiert, ob sich nicht endlich das Geschlecht des Nachwuchses im voraus bestimmen und, falls sich die getroffene Wahl nicht ergibt, korrigieren ließe. Warum müssen Eltern auf den Stammhalter warten, und dann werden es zu ihrer Enttäuschung «nur» Mädchen? Läßt sich nicht planmäßig vorgehen: Zuerst der Stammhalter, dann vielleicht die Mädchen? Welche Folgen ein manipulativer Eingriff haben könnte, wird in dem genannten Aufsatz vermutet, daß nämlich etwa 106 bis 107 Männergeburten auf 100 Mädchengeburten entfallen werden, weil in unserer sehr männlich betonten Gesellschaft dem Stammhalter als vornehmlichem Namensträger eine offenbar größere Bedeutung beigemessen wird. Nun gibt es hier einen bis heute nicht enträtselten weisheitsvollen Vorgang der Geschlechtsverteilung,

13

wenn die Natur sich selbst überlassen bleibt: Die Zahl der Mädchengeburten liegt immer geringfügig über der der Knabengeburten. Nach
Kriegen, in denen vor allem Männer hingerafft wurden, schwankte der
ausgeglichene Zustand so, daß nun erheblich mehr Männergeburten
stattfanden, und zwar im Verhältnis von 108 bis 110:100, offensichtlich
um das durch menschliche Taten angerichtete Ungleichgewicht wieder
auszugleichen[10]. Diese Beobachtung ist in verschiedenen Ländern im
Anschluß an Kriegsereignisse jeweils für einige Jahre gemacht worden,
bis sich dann das alte Verhältnis wieder einpendelte.

Wie muß nun ein Menschenbild beschaffen sein, das diesen in der
Natur waltenden Weisheitsanteil mit einbezieht, also das Leben wahrhaft versteht und nicht nur als toten Mechanismus deutet? Ehe wir
hierauf eingehen, betrachten wir tiefgreifende Wandlungen gegenüber
der menschlichen Geschlechtlichkeit in den vergangenen Jahren.

[10] Das Verhältnis der Lebendgeborenen: «106 Knaben zu 100 Mädchen; dage-
gen werden 140 Knaben auf 100 Mädchen tot geboren . . ., so daß das
Geschlechtsverhältnis normalerweise ziemlich gleich ist. In Kriegszeiten sind
Knabengeburten gewöhnlich etwas erhöht; eine Erscheinung, die wohl auf einer
Hemmung von Mädchengeburten durch die kargere Ernährung beruht . . .» H.
Frieling: Das Mysterium der Liebe, Schaffhausen 1979, S. 87. In Zukunft wird
die Bestimmung des Geschlechts durch Konstellationen erkannt werden, Hinweise darauf bei R. Steiner: Geistige Zusammenhänge in der Gestaltung des
menschlichen Organismus, GA 218, Dornach 1962.

II. Enthüllung und Mythos

Wer vor zehn, zwölf Jahren auf Illustrierte an Kiosken hinschaute und sie mit dem heutigen Anblick vergleicht, könnte meinen, vom züchtigen Mittelalter in die Jetztzeit versetzt zu sein. Zwar mögen vor zwölf Jahren die «sekundären Geschlechtsmerkmale» auch schon auffällig oder «aufreizend» angedeutet gewesen sein, aber sie waren zum größten Teil doch noch bedeckt. Nunmehr sind sie «enthüllt». Keine Illustrierte, die an der menschlichen Leiblichkeit im Bild nicht alles enthüllte, was einstens durch «Bekleidung» halb verhüllt war. Fragt man nun, was bei dieser in den letzten Jahren geschehenen Enthüllung zum Vorschein kam, dann ist es zunächst das Bild des Fleisches. Hat also die vollzogene Enthüllung wirklich etwas enthüllt? Oder hat diese Art der Enthüllung vielleicht nur den Blick verstellt auf das, was eigentlich zu enthüllen wäre?

Was ist denn tatsächlich das Mysterium der menschlichen Gestalt, das Mysterium der Zeugung und der Geburt[10a]?

1968 erschien in der Bundesrepublik, herausgegeben vom Gesundheitsministerium in Bonn, erstmals ein Sexualkundeatlas. Er wurde in kurzer Zeit in Abertausenden von Exemplaren gedruckt. Dieser Atlas stellt sich die Aufgabe, bei der Aufklärung der Kinder mitzuwirken. Dabei leistete er etwas Bedeutsames: er reduzierte die physiologischen und seelischen Vorgänge bei der menschlichen Sexualität zu einem räumlichen, zu einem topographischen Problem. Geschlechtlichkeit wird so zu einem Problem der «Geländekunde», von erogenen Zonen, mechanischen Beanspruchungen, Stimulationen usw.[11].

Hält man dieser Tatsache eine andere, die schon mehr seelisches und

[10a] Mysterium heißt hierbei das innere Geheimnis, von Griechisch myein = sich schließen (vor allem von Augen und Lippen).

[11] Die zweite Auflage, 1974, hat durchaus mit einem gewissen Erfolg versucht, dieser Vereinseitigung entgegenzuwirken, soweit das bei den Vorgaben, die eine unkünstlerische Verbildlichung mit ihrem bloßen Informationsauftrag zu leisten hat, möglich ist.

inneres Erleben zum Ausdruck bringt, entgegen, dann mag sich die Unzulänglichkeit dieses mit gutem Willen unternommenen Versuchs noch mehr verdeutlichen: Bei Umfragen unter Jugendlichen und Studenten, die wiederholt stattfanden, ergab sich, daß niemals mehr als 20 %, meistens aber nur 10 % der Eltern der Befragten ihre Kinder selbst aufgeklärt hatten. Zumeist war es die «Straße», d. h. Gleichaltrige oder etwas Ältere bzw. ein bestimmter Typus beflissener Erwachsener, die das notwendige «Wissen» vermittelten. Auf die Frage, von wem die Jugendlichen denn gern aufgeklärt worden wären, ergab sich nun das genau umgekehrte Verhältnis: 90 % wünschten, daß es die Eltern getan hätten, die restlichen 10 % wünschten, daß sie durch Ärzte, Pfarrer oder Psychologen aufgeklärt worden wären; an letzter Stelle – und dies ist erstaunlich – wurden die eigenen Lehrer genannt. Denkt man nicht *für*, sondern *vom* Kind her, sollte die halbbewußte kindliche Erwartung zur Quelle werden, die das Verhalten der Erwachsenen bestimmt.

Wenn nun heute die Aufklärung zum schulischen Lehrfach wird, dann mag das im Hinblick auf die elterliche Unzulänglichkeit ein berechtigter Ausweg sein, der aber doch wohl zur inneren Einstellung und Haltung der heranwachsenden Kinder und Jugendlichen durchaus im Widerspruch steht. Es ist sowohl naturgemäß und wird auch von den Kindern erwartet, daß ihre eigenen Eltern sie aufklären[12]. Denn mit dem Vorgang der Aufklärung wird offenbar ein Seelen- oder Gefühlsgebiet im Kind berührt, das der Intimität bedarf wie des vertrauensvollen Schutzes. Ein Sprichwort sagt: «Was ich nicht weiß, macht mich nicht heiß.» Was ich aber weiß, löst etwas in meiner Seele aus, die dem Gewußten auch gewachsen sein muß. Wissen ist stets eine Frage der Reife und Stärke. Darum ist auch bei Erwachsenen zu beobachten, daß sie in der Mitteilung an andere oft einen Ausweg suchen, um sich vom lastenden (unverarbeiteten) Wissen zu befreien. Tun sie es nicht, so «frißt» das bloße Wissen in der Seele, es zehrt. Darum gilt: Alles Wissen ohne inneren Anschluß an die bisherige Erfahrung der Seele, also ohne richtige Vorbereitung, bedeutet nichts anderes als *Schmerz*. Kenntnis ist zunächst Verarmung, weil das bisher Verborgene, Umhüllte, Geahnte sich am Licht als nackt und bloß erweist, es lastet dann. Was zuvor umwittert und tief war, bekommt Kontur, wird oberflächlich deutlich

---

[12] Vgl. Klaus Thomas: Sexualerziehung – Grundlagen, Erfahrungen und Anleitungen für Ärzte, Pädagogen und Eltern; Frkf. und Stgt., 2. Aufl. 1970, S. 42. Dort auch ausführliches Schriftenverzeichnis.

und klar, vielleicht aber auch bloß seicht. In jedem Fall tritt neben dem Zuwachs an Wissen auch ein Verlust ein, der vom aufzuklärenden Kind verkraftet und innerlich getragen werden muß. Die Enthüllung, welche die Aufklärung vermittelt, stellt nur die eine, die Außenseite vor, nicht aber die dem Sinnlichen entzogene Innenseite.

Was ist denn durch keine äußere Aufklärung zu enthüllen? Blicken wir auf den Akt der Begattung: Er weist Handlungscharakter auf und ist damit beobachtbar – nicht aber für das Kind verständlich. Es ist zunächst erstaunlich, daß die Verhaltensforscherin Jane Goodall bei ihren jahrelangen Studien an freilebenden Schimpansen wiederholt folgenden Vorgang beobachtete: Wenn sich die Mutter eines heranwachsenden Schimpansenjungen in dessen Gegenwart mit einem Männchen paarte, so geriet der Junge in große Aufregung und griff das Männchen an, um die Mutter zu verteidigen. Die Begattung wird als Aggression erlebt, weil das Junge kein «angeborenes Verstehen visuell wahrgenommenen Paarungsverhaltens» hat. Auch beim Menschenkind gibt es keine naturgegebene Grundlage für die Bewertung dieses Vorgangs, darum kann das Miterleben «traumatisch wirken und seelischen Schaden anrichten»[13].

Dieser Vorgang ist für eine Betrachtung «von außen» nicht aufzuhellen. Noch weniger aber die Befruchtung, die Zeugung, die sich ebenso wie die Embryonalentwicklung selbst tief im Verborgenen des Leibes abspielt. Will ich dieses Geschehen in den Blick bekommen, dann nur mit «Hebeln und mit Zangen» der Anatomie[14].

[13] Bernhard Hassenstein: Tierjunges und Menschenkind im Blick der vergleichenden Verhaltensforschung, Stgt. 1970, S. 19.
[14] Sogar der «natürliche» Zusammenhang ist gänzlich verhüllt. Falls eine sexualpädagogische Auffassung zu dem Schluß käme, erst dann wäre das Kind richtig angesprochen, wenn es z. B. die Embryonalentwicklung bis in die Größenverhältnisse deutlich vor sich habe, dann knüpft das an die Tatsache des kindlich-realistischen Weltbegreifens an. So schließt die Unterrichtseinheit für eine 1. Klasse: «Ein Kind wächst im Bauch der Mutter», ein Lehrprogramm unter der Leitung von N. Kluge, a.a.O., S. 151-174, an diese Realistik an. Die Lernziele und der Themenkreis «Schwangerschaft» werden zunächst seelisch und begrifflich eingestimmt, dann werden «anhand verschiedener Zeichnungen» Lage, Größenwachstum des Embryo in einem schematisierten Uterus eingezeichnet, während zum Lehrvortrag Abbildungen einer Streichholzschachtel die Größe der Frucht am Ende des 2. Monats und eines frankierten Normalbriefes das Gewicht verdeutlichen. Im dritten Monat helfen Zeigefingerspann und Matchbox-Auto, wie im sechsten Monat Lineal und Ball die fehlenden inneren Sachbezüge und die pädagogische Hilflosigkeit dieser Art des Verdeutlichungs-

Nun wird dabei aber eine schlichte, wenn auch nicht unwesentliche Tatsache unterschlagen: erst wenn der Embryo abgetötet und untersucht wird, kann man wissen, wie groß er ist, was er wiegt usw. Das Verfahren muß durchschaut werden: alle Tatsachen, die über den Beginn und die Entwicklung des menschlichen Lebens vermittelt werden, sind erst dann zu gewinnen, wenn dieses Leben ausgelöscht wird. Wissen ist in diesem Fall offenbar auf keine andere Weise zu bekommen. Da es sich bei der *Sexualpädagogik nicht um realistische Leichenschau* handeln kann, muß das am toten Präparat gewonnene Wissen pädagogisch so aufbereitet werden, daß es der Gebärde des Lebendigen und dessen Gesetzen entspricht und nicht das Antlitz der bloßen Abstraktion und des gesuchten willkürlichen Vergleichs trägt. Weder dem derb-materiell konkreten Bezug noch der bloßen Abstraktion darf das Wissen erliegen, wenn es selbst den Zug des Lebens annimmt, d. h. *bildkräftig wird*. Das Leben offenbart sich in Wandlung. Wandlung aber kann in der inneren Anschauung der verschiedenen Zustände nachgestaltet werden durch die bildschaffende Kraft der *Phantasie*, durch eine auf den Prozeß hinweisende Gebärde: das ist das *Gleichnis*. Beides war und ist in der Geschichte lebendig geblieben, vor allem, wenn es um Wachstumskräfte ging. So ist die schaffende, zeugende Kraft in der Welt von den Griechen in den Taten des Zeus mythologisch ebenso sachkundig gekennzeichnet wie das Wachstum des Frühjahrs durch das blassere Bild des eierlegenden Osterhasen. Ebenso wie der tatsächliche Vorgang der Fortpflanzung ist auch das Erleben selbst vor und bei der geschlechtlichen Vereinigung rein *innerlich*. Gerade diese Tatsachen verlangen von dem, der aufklärt, daß er jenen Teil, der als Wissen zu vermitteln ist und vom Kind in einem bestimmten Lebensalter auch gewußt werden will, einerseits in Korrespondenz mit der fragenden Seele des Kindes vermittelt und andererseits, daß dabei der verborgene Teil des Geschehens einzuholen versucht wird: durch Bilder. Nur so kann dann jenes Verborgene mitschwingen, das sich im eigentlichen Zeugungsvorgang wie in der Embryonalentwicklung der Sinnlichkeit ebenso entzieht, wie dies die Triebhaftigkeit gegenüber dem Begrifflichen tut. Auch der Erwachsene

verfahrens bloßlegen. Es versteht sich, daß bei diesem Verfahren nicht nur die Kinder das so gewonnene Wissen «verbalisieren» müssen, sondern dann Wortergänzungsaufgaben lösen «dürfen», die die gewonnenen Begriffe: Gebärmutter, Fruchtwasser, Bauch, Fruchtblase abfragen.

erlebt, daß der eigene Trieb, der aus der Leiblichkeit aufquillt, nicht prinzipiell vorstellungshaft, sondern gefühlshaft als seelische Gebärde in der Hinwendung zum anderen, in der Sehnsucht nach einem Menschen lebt, nicht aber in topographischen Begriffen oder in Vorstellungen abgezogener, begrifflicher Art.

Blickt man auf überlieferte Bilder, mit deren Hilfe in früheren Zeiten die Aufklärung geschah, so stößt man durchgängig auf Mythologeme[15].

Diese Bilder entstammen einem andersgearteten Bewußtsein als dem heute herrschenden, d. h. einem hellsehend-traumhaften. Dafür ein Beispiel, das der Ethnologe A. Lommel berichtet: Ein Stamm Nordwest-Australiens, die Unambal, wußten, weshalb sie aussterben würden. Die Mitarbeit bei den Weißen und die Begegnung mit deren Zivilisation hindern sie, die «Kinder träumen» und damit zeugen und empfangen zu können. «Der Unambal-Mann ist nämlich erst dann imstande, ein Kind zu zeugen, wenn er im *Traume* an das tiefe Wasser gekommen ist, wo sich die ungeborenen Seelen befinden und wo ihm von führenden Geistern der Name des Kindes zugerufen wird. Nur wenn er diesen vernommen und behalten hat, kann er zu seiner Frau gehen und ihn ihr

[15] Als Beispiel sei Otto Franke: Die Vorstellungen der Kinderherkunft in den Landschaften Deutschlands, in: Die Christengemeinschaft, 12/1977, S. 385 f., zitiert: «In der norddeutschen Tiefebene ist der Kinderbringer der Storch, in der Priegnitz die Eule, in Ostpreußen der Rabe und die Krähe. Im Rheinland kommen die Neugeborenen vom Kinderbaum, in Siebenbürgen weilen sie vor der Geburt im Nußbaum. Die ursprünglich nach Siebenbürgen eingewanderten Siedler stammen aus der Eifel, also auch aus dem Rheinland. In der Schweiz und in den deutschen Alpen birgt der Kleinkinderbach die Ungeborenen, im Elsaß die Brunnenstube, im Erzgebirge betreut sie der Wassermann. In Vorarlberg sind die Kinder vor Geburt unter Felsen und Steinen verborgen, in Bayern werden sie von Zwergen in Höhlen bewacht, im Böhmerwald hütet sie der Fuchs in seinem Bau.» Vgl. auch den instruktiven Beitrag von Albert Walzer: Liebeskutsche, Reitersmann, Nikolaus und Kinderbringer – Volkstümlicher Bilderschatz auf Gebäckmodeln, in der Graphik und Keramik, hg. Städtische Sparkasse und Girokasse, Stgt. 1963, mit Literaturangaben. Alle Bilder weisen auf die Tatsache, daß der Geist des Menschen aus kosmischen Weiten, die Seele aus planetarischen Sphären, das Leben aus dem Strömenden des Äthers stammt; sie alle verbinden sich mit dem Leib. Dabei ist der Embryo der Schwere entzogen, so kann durch diese nicht der Wille erweckt werden, ebensowenig wie durch den fehlenden Atemstrom das Fühlen und durch die schlafenden Sinne das Denken – diese schlafend-träumende Welt fangen die Bilder ein. – Vgl. auch Walther Bühler: Die zweifache Abstammung des Menschen, in: Mit Kindern leben, Stgt. 1979, S.11–32.

mitteilen. Diese Mitteilung geschieht so: Der Mann gibt die Kinderseele, die er gefunden hat, seiner Frau in einem Traumvorgang, und sie träumt eine Kinderseele zu erhalten»[15a]. Haben so Mann und Frau die Seele gefunden, kennen sie auch das Geschlecht des Kindes und – den Namen! Durch die moderne Zivilisation verliert sich der überlieferte Bewußtseinszustand. Was bleibt, ist der bildhafte Bericht, der auch kaum noch verstanden wird.

Die Bilder sind aus dem Sinnlichen genommen und bezeichnen ein Nichtsinnliches. So stand der Storch, ein Wesen aus der Vogelwelt, dafür, die Kinder zu bringen. Nimmt man das Bild zunächst leiblich-sinnlich, so scheint es jede Wirklichkeit zu verfehlen. Nimmt man es aber vom geistigen Gehalt her, so macht es darauf aufmerksam, daß z. B. bei der Geburt im ersten Atemzug, mit dem ersten Schrei die seelische Wesenheit des Menschen in die Leiblichkeit einzieht. Für den Griechen war die Seele, Psyche, gleichzeitig auch der Schmetterling. Etwas aus dem Umkreis, was sich auf den Wogen der Luft bewegt, zieht in die Leiblichkeit, genau: in die Lunge ein und beseelt damit den Leib.

Dieses Wesen, das da einzieht, ermöglicht dem Neugeborenen, daß nunmehr ein Inneres auf die Reize aus der Umwelt antwortet. Zunächst im Schrei, später differenziert im Lallen, im Aufjauchzen der Freude, im Schmerzensschrei, schließlich in der einzigartigen Äußerung der Sprache. Diese bleibt ihm lebenslang. Das auf den Wogen des Atems Schwingende der Seele, ist es nicht vergleichbar den auf ausgebreiteten Schwingen durch die Gefilde der Luft dahinschwebenden Vögeln, dem Storch? Ist der Storch, der seine Nahrung im Teich sucht, nicht zugleich Bild für jenen Lebensprozeß, der im Embryo stattfindet, der sich mit Nahrung anreichert und ausgestaltet im Fruchtwasser des mütterlichen Leibes? Ja noch mehr, haben nicht Uterus und Eierstöcke im mütterlichen Leib im Umriß dieselbe Gestalt, die ein mit ausgebreiteten Schwingen dahinfliegender Vogel auch hat? Auf diesen Zusammenhang macht der Arzt und Pädagoge Thomas I. Weihs aufmerksam[16]. Dasselbe gilt für den anderen Zeugungsbereich, in dem der Mensch schöpferisch ist, für die *Sprache*. Aus dem Aufsatz seien folgende Gedanken wiedergegeben:

[15a] Zit. n. Die Christengemeinschaft 1953/12, S. 383 f. Vgl. dazu Max Hoffmeister: Die übersinnliche Vorbereitung der Inkarnation, Basel 1979, S. 95 ff.).
[16] In: Die Drei 12/1971: Geburt und Empfängnis – zur Verteidigung des Storches, S. 579-588. Vgl. R. Steiner: Die Mission der neuen Geistesoffenbarung (GA 127), v. 7. 1. 1911.

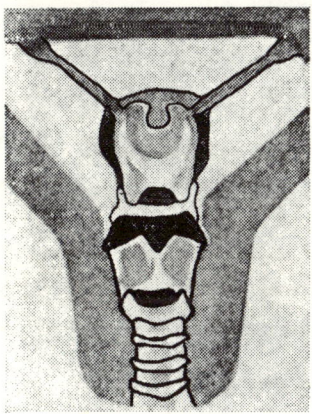

*Kehlkopf mit Mundhöhle und
den beiden Eustachischen Röhren*

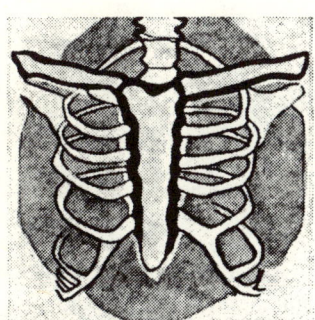

Brustbein mit Schlüsselbeinen

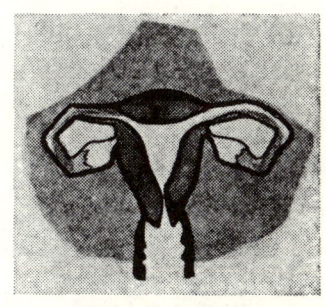

Uterus mit den Tuben

«Die Organe der Fortpflanzung sind ähnlich wie die Sprache organisiert ... In der Signatur der Taube ... erscheint das ... Urbild des Heiligen Geistes, das in Formen des menschlichen Leibes Gestalt gewinnt ... Niemand – auch nicht unsere Kinder – hat jemals geglaubt, daß diese Geschichte eine kausale naturwissenschaftliche Erklärung sei. Sie deutete aber im Bild die Entstehung der menschlichen Form auf der Erde. Die Taube ist das reine Urbild der geistigen Menschengestalt. Der Storch aber ... verbindet die Geist-Form mit den Wassern der Geburt, aus denen wir geboren werden». Des weiteren bringt der Autor das Sechstagewerk der Genesis, wo die Gottheit spricht und dadurch Seinszustände erzeugt, in einen überzeugenden Zusammenhang mit den Etappen der Embryonalentwicklung[17].

Liegt also nicht im Bild vom Storch eher eine Apokalypse, eine wahre Enthüllung, als in der Sichtbarkeit des Fleisches? Muß nicht vielmehr der Erkennende sich bemühen, überlieferte Bilder auf dem Gebiet der Aufklärung so mit Verständnis zu durchdringen, daß sie neu sinngebend zu sprechen beginnen für ihn und dadurch für das Kind?

[17] Als erster wies K. König den Zusammenhang von *Embryologie und Weltentstehung* (1966) nach, 5. Aufl., Frbg. 1979. Ein ähnlicher Zusammenhang wird neuerdings ausführlich dargestellt und begründet von Kaspar Appenzeller: Die Genesis im Licht der menschlichen Embryonalentwicklung, Basel 1976. Es sei hier auf die wertvolle systematische Materialsammlung über die Verbindung der Geistwesen mit der Leiblichkeit, wie sie R. Steiner erschlossen hat, von Max Hoffmeister, Übersinnliche Vorbereitung, a.a.O. hingewiesen.

III. Freud'sche Perspektiven

Die Art, wie gegenwärtig vornehmlich die Frage der Aufklärung behandelt wird, ist mit dem Namen einer außerordentlich verdienstvollen Persönlichkeit verbunden: mit Sigmund Freud (1856-1939). Zunächst ging er in seiner Forschung von einer eingeschränkten, wenn auch sehr wichtigen Fragestellung aus, wie nämlich das Phänomen der Hysterie zu verstehen sei. In der Analyse der Biographie von Hysterikern kam er dann zu sehr allgemeinen Aussagen, die außerordentlich weittragend sind, daß nämlich das, was in der frühen Kindheit geschieht, bis ins hohe Alter hinein seine Auswirkungen im Lebenslauf hat. Freud lehrte, in Entwicklungsschritten zu denken. Damit wird er zu einem ganz herausragenden psychologischen Denker[18].

Gleichwohl ist dieser Ansatz in einen umfassenderen Zusammenhang zu stellen und kritisch zu betrachten. Die Entdeckung der Triebverdrängung als Ursache der Neurosen, die 1905 von Freud vorgelegt wurde, ging auf eine Patientin Josef Breuers zurück, die er als 21jährige 1882 in Behandlung nahm: ihr Arm war gelähmt, ihr Sehvermögen gestört, sie geriet wiederholt in den Zustand spontaner Hypnose. Zusammen mit Freud veröffentlichte Breuer 1893 den Fall. Hysterie ist eine Folge eines verletzenden Erlebnisses (Trauma), das in das Unbewußte verdrängt wurde; tritt es ins Bewußtsein, dann so verändert, daß es nur schwer wiedererkannt werden kann. Wenn der ursprüngliche Affekt abfließen kann, verschwindet das Symptom. «Symptome, die Bedeutung haben, beunruhigen nicht.»[19]

Durch Freud wird die Neurosenlehre an die Sexualität gekoppelt. Später wurden die Ursachen für Neurosen von Analytikern nicht allein in traumatischen Kindheitserlebnissen gesehen, sondern schon im Konzeptions-

---

[18] Die Grundlagen finden sich zuerst in Sigmund Freud: Drei Abhandlungen zur Sexualtheorie und verwandte Schriften. Auswahl und Nachwort von Alexander Mitscherlich, Fischer Taschenbuch-Verlag, Frkf./M. 1961, 207 S., vielfach nachgedruckt.

[19] J. H. van den Berg: a.a.O., S. 130.

augenblick: «Denn einer der zahllosen (Samenfäden) bekommt Zugang (zum Ei), obgleich ihm das seinen Schwanz kostet: Kastration Nummer eins – die anderen bleiben scheltend draußen, und während die beiden halben Subjekte sich liebevoll verschmelzen, häufen die Außenstehenden Schuld auf Schuld»[20]. «Freuds Regreß führt weiter zurück: In der Urzeit wandten sich die erwachsenen Söhne gegen ihre Väter . . . Die Patienten sind krank von der Totenmahlzeit, die Gesunden sind dieser Krankheit mit knapper Not entgangen» (ebd., S. 142). Demgegenüber verdeutlicht van den Berg, daß diese Form der Neurosen historisch bedingt zutrifft, daß die von Patienten mitgeteilten Erlebnisse aber deren eigene Erfindung darstellen: «Der Therapeut wußte und sagte nichts; der Patient wußte nichts – und sagte alles. Das letztere wurde wenigstens von ihm erwartet . . . Der Therapeut des 19. Jahrhunderts glaubte allein an die Vergangenheit. Also erzählte der Patient das Vergangene . . . als echter Positivist glaubte er nur an fest umrissene Begebenheiten, an Geschehnisse . . . Er glaubte an Tatsachen – und bekam daher Erdichtetes» (ebd., S. 158).

Im Geschichtsgang und der Bewußtseinsentwicklung der Neuzeit erwachte zunehmend eine Selbständigkeit des inneren Erlebens und Erkennens, man könnte sagen: die Bewußtseinsseele erwacht, aus der heraus sich die soziale Welt tiefgreifend veränderte: aus der Geborgenheit fester nachbarschaftlicher Bezüge herausgelöst, leben wir in unterschiedlichen Gruppen. Jede ist anders verfaßt, erwartet anderes von uns, wir verändern unser Verhalten, wenn wir in der Straßenbahn, in einer Klasse, in der Kirche oder beim Kegeln usw. sind. «Wir sind Legion, ebensoviel ‹Selbste› realisieren sich in jedem von uns, wie es Gruppen gibt, zu denen wir gehören. Die Neurose besteht in einem Konflikt zwischen den verschiedenen sozialen ‹Egos› (Sorotkin). Der Neurotiker zeigt eine Störung, die eigentlich jeden überkam, aber an der er allein sichtbar krank ist: die Störung, nicht *er selbst sein zu können*, das heißt: nicht mit sich selbst identisch zu sein in verschiedenen Kontakten und in verschiedenen Situationen» (ebd., S. 173). Der Mensch wird von einem Doppelgänger beherrscht, er selbst vermag keinen Kontakt zur Welt aufzunehmen, isoliert sich von ihr. Von daher läßt sich das Unbewußte als kommunikatives Phänomen, als *«Index der Nähe oder Ferne im Umgang mit anderen»* (S. 181) deuten. Nicht Erlebnisse der frühen Kindheit, verdrängte sexuelle Erlebnisse, sind subjektive Ursachen der Neurosen, sondern die bewirkenden Faktoren kommen von außen. Das

[20] Ebd., S. 141.

Selbst kann sich in den wechselnden sozialen Beziehungen nicht aufrecht erhalten, isoliert sich, vereinsamt. In dieser Hinsicht war das Schweigen, die Prüderie im ausgehenden vergangenen Jahrhundert ein neurotisierender Faktor, wie es heute andere Faktoren sind. Der Neurotiker ist krank an der Gesellschaft, deshalb wäre es sachgerechter, von Soziosen zu sprechen (ebd., S. 192). «Neurotische Symptome beweisen nur ein besonderes Verständnis, ein ‹Anderssein›, eine Verschiebung. Zunächst sind diese ‹Verschobenen› Zurückgebliebene oder Beiseitegeschobene, manchmal sind es ‹Besondere›: besonders Geschickte, besonders Talentierte, andere Vorläufer, Späher in die Zukunft» (ebd., S. 190). Diese ganze Entwicklung ist mit der neuzeitlichen Entdeckung des eigenen Kindheitstraumas verbunden, worauf hier nicht näher eingegangen werden kann.

Freud reduziert selbst durch sein mehr oder minder rein biologistisches Weltverständnis den eigenen Ansatz sogleich für unser Verständnis ins Eindimensionale. Er vermag nicht genau zwischen Leiblich-Seelischem einerseits und Geistigem andererseits zu differenzieren. Jedem Leiblichen und damit jedem Lebensvorgang ist Seelisches, also Innerliches, sowie Bewußtwerdung eigen. Auf den Menschen angewandt, bedeutet der Freudsche Gedanke, daß alles Leben und Dasein hinstrebt nach Lust. Darauf baut nun jede menschliche Entwicklung auf, denn dem umfassenden Luststreben steht die realitätsgebundene Erscheinungswirklichkeit, das Realitätsprinzip gegenüber. Dem Streben nach Lust begegnet im Realitätsprinzip die Einschränkung, ja die Verhinderung der Lust. Was bewirkt das in der Entwicklung? Verärgerung, Zurückziehen auf sich selbst, Versagung, Triebunterdrückung, Frustration, aber auch Stau und unterschwellige Aggression gegen das, was den Trieb der Lust unterdrückt.

Die universelle Kraft des Luststrebens, der «Libido» oder des Sexualtriebes, tritt in verschiedener Gestalt innerhalb der menschlichen Entwicklung auf, zunächst weitgehend ungeschlechtlich (prägenital), nämlich beim Säugling in der Mundregion als Saugreflex (orale Phase)[21].

Dann verlagert sie sich tiefer in die Leiblichkeit, wobei auch eine stärkere Bewußtwerdung erfolgt, wenn die lustvolle Beherrschung der

---

[21] Die Psychoanalyse rechnet «alle sinnlichen Begierden, auch das Zärtlichkeitsstreben und die Kontaktsuche dem Bereich der infantilen Sexualität zu», die nicht «mit Sexualität im engeren Sinne zu verwechseln ist». Harbauer u. a.: Lehrbuch der speziellen Kinder- und Jugendpsychiatrie, 3. Aufl. Berlin u. a. 1976, S. 13.

Ausscheidungsprozesse durch zunehmende biologische Reifung einerseits und das elterliche Reinheitsgebot (Realitätsprinzip) andererseits aufeinandertreffen. Das Erleben dieser Herrschaft über die Ausscheidungsvorgänge verleiht ebenso «Macht» wie Lust; damit verlagert sich das Luststreben an den Darmausgang (anale Phase). Schließlich wandert das Zentrum der libidinösen Entwicklung in den Bereich der Sexualorgane, die zwar noch immer unausgereift, nunmehr sehr stark die seelischen Projektionen beherrschen sollen. Und zwar beobachtete Freud ein ausgesprochenes Interesse des Kindes an den eigenen wie an fremden Genitalorganen in der Zeit ungefähr vom 4./5. bis zum 7. Lebensjahr hin, vor allem am männlichen Glied; deshalb benannte er sie auch phallische Phase. Ähnliche Beobachtungen können immer wieder gemacht werden, und vor allem fällt die «häufige» Berührung der eigenen Organe auf. Dies wird oft als Form «frühkindlicher Onanie» (Selbstbefriedigung) gedeutet[22].

[22] Der Begriff der «frühkindlichen Onanie» umfaßt einen Tatbestand, der in seiner Wirklichkeit sich – so ging es offenbar dem Autor als Vater – der Beobachtung nicht jedermann erschließt. Darum scheint er in der Literatur viel abgesicherter, d. h. er kann jederzeit – wenn einmal dort konstatiert – eher abgeschrieben als konkret in der Wahrnehmung aufgefunden werden. So sollten also tatsächlich bei Kleinkindern nicht nur Berührungen, sondern auch Erektionen des Gliedes und irgendeine besondere Form des Orgasmus vorkommen können. Nach Kinsey soll «bei etlichen Kindern vor der Pubertät die Fähigkeit zum Orgasmus vorhanden» sein (zit. n. B. Broderick: Kinder- und Jugendsexualität, Reinbek 1970, S. 20). Ferner: «Die vollständige Erektion des männlichen Genitales ist vom Tag der Geburt an möglich. Säuglinge zeigen diese Reaktion häufig, wenn die Blase gedehnt ist oder der Penis belastet wird ... Wie Kinsey, Pomeroy und Martin angeben, reagieren Knaben von noch nicht einem Jahr auf eine Reinigung der Genitalien mit Stoßbewegungen der Beckenmuskulatur ... Aber die sexuellen Verhaltensformen der Erwachsenen umfassen noch sehr viel mehr als bloß Reflexe der Geschlechtsteile und des Beckens.» (F. Beach und L. Ford: Formen der Sexualität, Reinbek 1968, S. 179). Es bedarf also schon eines fixierten Blickes, um reflektorische Vorgänge bei Blähungen und Harnansammlungen mit der Sexualität in Verbindung zu bringen. So weist L. Schuh-Gademann (Erziehung zur Liebesfähigkeit, Hdbg. 1978, S. 42 f.) darauf hin, daß es empirisches Material über die Häufigkeit der Masturbation im Säuglings- und Kindesalter kaum gibt, (ähnlich Th. Zottmann: Die ersten fünf Jahre, Stgt. 1972, S. 14). Selbst wenn eine Berührung der Genitalien vorkommt und Reaktionen welcher Art immer ausgelöst werden mögen, ist dies für die «spätere psychosexuelle Entwicklung von untergeordneter Bedeutung». (W. J. Schraml: Einführung in die moderne Entwicklungspsychologie, Stgt. 1972, S. 193.)

Es ist «bedenklich, von vornherein anzunehmen, daß kindliche Verhaltensweisen sexuell seien, nur weil sie auf Erwachsene so wirken. Man wird in keinem Falle behaupten können, daß ein Säugling, der an seinen Genitalien spielt, alle die komplexen Empfindungen erlebt, die sich einstellen, wenn erwachsene oder jugendliche Personen masturbieren ...» Man kann vermuten, daß die von Erwachsenen berichteten kindlichen sexuellen Spiele nicht die von Erwachsenen diesen Spielen zugeschriebene Bedeutung haben, sondern «allenfalls fragmentarisch» und «verfälschend» sind. Wichtig bleibt, daß sexuell anmutende Verhaltensweisen für Kinder von anderer Bedeutung sind als für Erwachsene[23]. Es ist also mehr eine Frage des «gelenkten Blicks» als der tatsächlichen Funktion, um das Ergebnis zu erlangen, das erwartet wird[24].

In den verschiedenen Phasen der kindlichen Entwicklung bilden sich Teil-Triebe (Partialtriebe) aus, die später in das Gesamte der Sexualität eingegliedert werden. Was ursprünglich allgemeines Luststreben war, wird später Teil der Sexualität und lebt als erneuerter Trieb im gesamten geschlechtlichen Triebgeschehen wieder auf, wird rekapituliert. So wird beschrieben, daß die Liebesregung und -werbung Erwachsener zuerst mit Phantasien verschiedenster Art, die sich auf den Partner beziehen, beginnen. Bei Annäherung der Partner leben die frühkindlichen Partialtriebe in der Reihenfolge ihrer Ausbildung wieder auf: zuerst erfolgt die «Berührung der Haut», in ihr wiederholt sich, was «Wärme und Nähe» der Mutter war. Es folgt die «orale Annäherung» im Kuß, Wiederholung der infantilen Lust der Mundwelt. Etwas verpönter ist die folgende Stufe (Analphase), bei der «die Hand jeweils an der Hüfte oder tiefer an der Gesäßwölbung verankert» wird. Die «Partialtriebe dienen allgemein der sexuellen Vorlust des Erwachsenen, die eine der ursprünglichen, vergessenen kindlichen Entwicklung entsprechende, abgekürzte Wiederholung ist, bis die Endlust im Liebesakt durch den Orgasmus, d. h. durch die Zentrierung aller Partialtriebe auf den direkten Genitalvorgang erreicht wird.»[25]

[23] Broderick a.a.O., S. 17 f.
[24] «Niemand wird das Spielen eines Säuglings oder Kleinkindes am Genitale heute noch als Sexualbetätigung oder Säuglingsonanie auffassen, sondern die Onanie an die gereifte Funktion koppeln.» D. Müller: Neurologische Untersuchung und Diagnostik im Kindesalter, Wien, New York 1968, S. 5.
[25] T. Brocher, Psychosexuelle Grundlagen der Entwicklung, Opladen 1971, S. 23 ff.

Aber gerade hier stellt sich schon ein methodischer Einwand, ob nämlich die gedeuteten Tatsachen, wenn sie überhaupt welche sind, einer Wirklichkeit entsprechen. Es waren vor allem Psychiater, die Einwände gegen Freuds These vorbrachten, daß nämlich nur jene Forscher die «Anfänge des menschlichen Sexuallebens» ergründen könnten, «die Geduld und Geschick genug besitzen, um die Analysen bis in die ersten Kindheitsjahre des Patienten vorzutragen.»[26] N. Nachmansohn wandte dagegen ein: «Freud selbst hat, wie er schreibt, Kinder nie beobachtet und behandelt ... Das ganze Gebaren des gesunden Kindes zeigt wohl Vorstufen der Sexualität, aber keineswegs ein eigentliches Sexualleben ... (dies ist) eine biologische Unmöglichkeit ... Weder der Mund noch der After noch die Haut sind Ersatzgenitalien.»[27]

Die erogenen Zonen sind «Reizpforten». Fehlt die «Genitalerregung, so hat man auch kein Recht, von Sexualität zu sprechen. Denn diese ist ja die differentia spezifica, die ein Gefühl zu einem Sexualgefühl macht. Ohne diese Einschränkung muß der Sexualbegriff ins Uferlose sich erweitern ... Durch diese Erweiterung ist aber keine Klärung und Differenzierung des Sexualproblems gegeben, sondern eine außerordentliche Verflachung.»[28]

Die Seelenanalyse von Hysterikern, Depressiven oder sonst psychisch gehemmten oder gestörten Erwachsenen führte Freud – wie später andere Analytiker – dazu, der phallischen Phase der libidinösen Entwicklung einen ganz besonderen Bedeutungswert beizumessen. Dies wird nämlich auch durch die Traumanalyse von Kindern in diesem Alter deutlich: daß viele Inhalte in den Traumprojektionen um das Geschlechtliche kreisen. Das dabei aufzudeckende Grundmuster, dem die Entwicklung der «sexuellen» Reifung offenbar folgt, hängt jeweils in spezifischer Weise mit dem anderen Geschlecht – dem der Träumende selbst nicht zugehört – zusammen, oft mit dem gegengeschlechtlichen Elternteil. Deshalb gab Freud ihm die Bezeichnung ödipale Phase im Anschluß an die antike tragische Gestalt des Ödipus, dem vom delphischen Orakel vor der Geburt vorausgesagt war, daß er seinen Vater töten und dann die eigene Mutter – inzestuös – ehelichen werde. Deshalb soll – psychoanalytischer Deutung folgend – ein Knabe während der ödipalen Phase in seinen unbewußten Phantasien das Ziel haben, die Mutter zu

---

[26] Freud: a.a.O., S. 11.
[27] Hauptströmungen der Psychotherapie der Gegenwart, Mch. 1965, S. 111.
[28] Ebd., S. 108, zit. n. Hans Böttcher: Streit um Sex, Wuppertal 1970, S. 30/36 f.

ehelichen, d. h. sich mit ihr – geschlechtlich – zu vereinigen, wobei er auf einen Widerpart in der Gestalt des Vaters trifft, den er als Rivalen zu beseitigen wünscht – notfalls durch Totschlag. Da dies kaum oder allenfalls im Traum gelingt, lösen diese Projektionen zugleich im Knaben eine Furcht aus, daß sein väterlicher Rivale ihn um seine eigene Geschlechtlichkeit zu bringen droht (Kastrationsangst)[29].

Bei Mädchen ist der Gehalt der Traumbilder umgekehrt. Es wünscht die Mutter weg und wünscht sich an deren Stelle. Statt der Kastrationsangst tritt bei ihm der «Penisneid» auf, im Anschluß an den antiken Mythos ließe sich hier von Elektrakomplex sprechen.

Wir halten die angeführten Beobachtungen – mit noch vorzunehmenden Korrekturen – für im Einzelfall, nicht aber generell zutreffend, die theoretische Deutung aber für mindestens unzulänglich, wenn nicht falsch[30]. Dennoch war sie zu referieren, weil aus verfehlter Theorie erst recht eine durch und durch falsche Praxis resultieren kann, deren Folgen allerdings nicht die Handelnden zu tragen haben, sondern die «Behandelten», nämlich die Kinder und später dann die Heranwachsenden und Erwachsenen.

Diese theoretische Konzeption Freuds zeitigt in zwei Richtungen Folgen: 1. auf dem Gebiet der Gesellschaftspolitik, 2. in der Veränderung der Maßstäbe über die Aufklärung der Kinder.

Zu 1: «Ist der Konflikt zwischen Lust- und Realitätsprinzip derart unvermeidlich, daß die unterdrückende (repressive) Umformung der menschlichen Triebstruktur unerläßlich ist?»[31] Wenn Freud nämlich lehrt – so meint der die ausgehenden 60er Jahre wesentlich mitbestimmende Denker Herbert Marcuse –, daß die Sexualtriebentwicklung durch ständige Unterdrückung seelische Krankheit und Aggression bewirkt, dann darf nicht in der Position Freuds verharrt werden, die seelischen Krankheiten einfach hinzunehmen und sie als Analytiker zu

[29] Freud hat diesen Mythos im Anschluß an ein Werk von Otto Rank: Mythos von der Geburt des Helden (1909) auch auf die Religion, d. h. auf den Mosaismus, angewandt: Der Mann Moses und die monotheistische Religion; in Freuds Sterbejahr erschienen (1939). Vgl. S. 52 f.
[30] Die Verhältnisse haben sich z. B. durch Änderung gesellschaftlicher Auffassungen und der Erziehungsstile gewandelt. Ein Autoritätszuwachs der Mutter, ein -schwund des Vaters ist zu verzeichnen. «Die früher häufig negativen Ödipussituationen finden sich heute relativ selten, weil die Rolle der familiären Patriarchen anachronistisch geworden ist.» Harbauer: a.a.O., S. 177.
[31] Herbert Marcuse: Triebstruktur und Gesellschaft, Frankfurt 1968, S. 9.

kurieren. Vielmehr muß man sich den Wurzeln des Geschehens zuwenden und bereits in der frühen Kindheit einer freien Sexualentwicklung ohne Triebunterdrückung das Wort reden. Die entsprechende Freiheit für die kindliche Sexualentwicklung heißt dann «Arbeit für den Frieden und eine befreite Gesellschaft»[32].

Zu 2: Eine ganze Reihe von Autoren – Giese, Comfort[33], Reich[34], Schmidt, Kentler – kreisen in ihren Überlegungen darum, wie «die durch Sexualverdrängung stimulierte, intraspezifische Aggression» abgebaut werden kann. Eine «Umprogrammierung der Ethik» ist notwendig[35].

Es wurde damit eine «neue Moral» postuliert, die empfiehlt:
«1. Onanieren durch die Kleinkindzeit hindurch.

[32] Ebd. In ähnlicher Weise hat das dann Arno Plack: Die Gesellschaft und das Böse – eine Kritik der herrschenden Moral, 2. Auflage München 1968, auf 430 Seiten als eine gesamte – oftmals widerwärtige – Lebensphilosophie entwickelt, wo er «das wissenschaftliche Menschenbild der Zukunft» zu vermitteln meint. Es heißt dort: «Wissenschaftliche Ethik wird den Menschen nicht fiktiv über seine endliche triebhafte Natur hinausheben... Als spezifisch menschlich erscheint... (ihr) vielmehr die Kraft, die eigene endliche animalische Natur zu begreifen und auszuhalten». Es gibt nur ein «unteilbares leibhaftiges Dasein, das nach ‹Leib› und ‹Seele› gar nicht zu unterscheiden ist» (S. 25). Die menschliche «Natur kann nur entweder ungebrochen sich ausleben oder ins Natur-widrige, ins Leibzerstörende sich verkehren» (S. 56). Mithin ist «Kultur: Pflege des Natürlichen» (S. 267). Auch hier wird man eines undifferenzierten, eindimensionalen, reduzierten Menschenbildes ansichtig, dessen Folgen hier nicht weiter zu behandeln sind. (Vgl. dazu S. Leber: Sexualisierung der Kultur und Sozialordnung, in: Die Drei, Heft 5/1969, Seite 308-326). Eine durchaus abweichende und wohlbegründete Sicht menschlicher Aggression legte inzwischen vor Erich Fromm: Anatomie der menschlichen Destruktivität, Reinbek 1977, 570 S.
[33] A. Comfort bezeichnet den Geschlechtsverkehr als den «gesündesten und wichtigsten Sport» (Der aufgeklärte Eros, Mch. 1964).
[34] W. Reich sieht «das Problem des *Menschentieres*... ins Unendliche gewachsen» an... «Die sexuelle Energie ist die biologische Aufbauenergie der psychischen Apparatur, die die menschliche Gefühls- und Denkstruktur bildet... Ihre Unterdrückung bedeutet... ganz allgemein Störung der grundsätzlichen Lebensfunktionen». Es heißt ferner bei ihm: «Der Kern der praktisch-politischen Psychologie ist die Sexualpolitik; denn der Kern des seelischen Funktionierens ist die sexuelle Funktion». Oder: «Wer satt ist, stiehlt nicht. Wer sexuell glücklich ist, braucht keinen ‹moralischen Halt› und hat sein naturwahrstes ‹religiöses› Erlebnis. Das Leben ist so einfach wie diese Tatsachen» (Die sexuelle Revolution, Frkft. 1966, S. 7 und 329). Die einfachen Tatsachen sind leider andere, auch in der tragischen Biographie Reichs.
[35] So Helmut Kentler: Von Lust ist nicht die Rede. Die Sexualerziehung festigt die alten Tabus, In: Die Zeit, 7. 2. 1969.

2. Die Veränderung des Inzesttabus zwischen Eltern und Kindern, indem diese nicht mehr ungerechtfertigterweise ausgeschlossen werden, sondern Eltern und Kinder gegenseitig die Erfahrung machen können, daß Versuche, miteinander zu koitieren, an der Enttäuschung der Unangemessenheit scheitern.
3. Das Zulassen und Unterstützen von sexuellen Spielereien im Schulalter, um die Koitusfähigkeit zu erleichtern, und die Unterrichtung der Jugendlichen in perversen Sexualpraktiken, um ihr Geschlechtsleben zu differenzieren.
4. Geschlechtsverkehr von der Geschlechtsreife ab sowohl im privaten wie im schulischen Bereich, wobei praktischer Sexualunterricht erteilt werden sollte; infolgedessen 5. uneingeschränkte Freigabe der Ovulationshemmer (empfängnisverhütende Pillen) für junge Mädchen»[36].

Man muß hier nachdrücklich betonen, daß dieser Katalog nicht auf Freud selbst zurückgeführt werden kann. Er hat zwar die Grundlagen geliefert, daraus aber ganz andere, wenn man will, «konventionelle» Folgerungen gezogen. «Die individuelle Freiheit ist kein Kulturgut. Sie war am größten vor jeder Kultur, allerdings damals meist ohne Wert, weil das Individuum kaum imstande war, sie zu verteidigen. Durch die Kulturentwicklung erfährt sie Einschränkungen, und die Gerechtigkeit fordert, daß keinem diese Einschränkungen erspart werden. Was sich in einer menschlichen Gemeinschaft als Freiheitsdrang rührt, kann Auflehnung gegen eine bestehende Ungerechtigkeit sein und so einer weiteren Entwicklung der Kultur günstig werden, mit der Kultur verträglich bleiben. Es kann aber auch dem Rest der ursprünglichen, von der Kultur ungebändigten Persönlichkeit entstammen und so Grundlage der Kulturfeindseligkeit werden.»[37]
Sollten die oben empfohlenen Praktiken der «neuen Moral» durchgeführt werden, so bleibt doch ein Zwiespalt, den niemand anders als Anna Freud so wiedergibt: «Die sexuelle Aufklärung der Kinder ... erreicht trotz aller auf sie gesetzten Hoffnungen im allgemeinen nicht das beabsichtigte Ziel. Was hier im Widerspruch miteinander steht, sind

---

[36] So faßt Christa Meves: Manipulierte Maßlosigkeit. Psychische Gefahren im technisierten Leben. Zur Sexualität befreit, zur Abartigkeit verführt. Freiburg 1971, S. 84 f., die neue Moral zusammen; vgl. auch H. Kentler: Sexualerziehung, Rowohlt 1970.
[37] Sigmund Freud: Das Unbehagen in der Kultur, 1930, S. 90 f.

einerseits die realen Tatsachen des erwachsenen Sexuallebens, andererseits die Unreife der infantilen Sexualkonstitution ... Auch die Auswirkungen der Masturbationsfreiheit sind nicht die erwünschten. Was die neue Erlaubnis beabsichtigt hatte, war die Herabsetzung von quälenden Schuldgefühlen; was sie gleichzeitig zur Folge hat, ist ein unerwartetes Defizit auf der Seite der Moralentwicklungen ... Noch aussichtsloser ist es, Kindern die beabsichtigte Angstfreiheit zu verschaffen. Wo die Angst vor der elterlichen Strenge verschwindet, steigt die Gewissensangst; wo die Strenge des Über-Ichs sich mildert, finden die Kinder sich überwältigt vor der eigenen Triebstärke, der sie ohne den Einspruch von äußeren oder inneren Instanzen hilflos ausgesetzt bleiben ... Die unter dem neuen Regime aufgewachsenen Kinder ... sind aber nicht freier von Angst und Konflikten und darum neurotischen und anderen psychischen Störungen nicht weniger ausgesetzt.»[38]

Wer selbst Kinder hat und/oder sich ein eigenes Urteilsvermögen zu bewahren versucht, der kann diese Vorschläge, die sich wissenschaftlich ausweisen wollen, nicht ohne ein deutliches Anti-Gefühl, wenn dies auch zunächst nur subjektiv zu sein scheint, annehmen. Wie kommt man aber hier zu einem befriedigenden *Urteil* oder gar zu einer Erkenntnissicherheit? Dazu ist unabdingbar ein begründetes Menschenverständnis aufzubauen. Das soll nunmehr wenigstens skizzenhaft versucht werden.

[38] Anna Freud: Wege und Irrwege in der Kinderentwicklung, Bern/Stgt. 1968, S. 68 ff.

IV. Skizze eines neuen Menschenverständnisses vor dem Hintergrund der frühen Kindheit

1. Wesensglieder

Vergegenwärtigen wir uns ein Neugeborenes. Da erlebt man zunächst die Leiblichkeit, noch unfertig zwar, aber doch vollmenschlich. Die stark rötlich gefärbte, fast ins Violette gehende Haut, von der intensiven Durchblutung herrührend, dann den wunderbaren Duft – das spricht alles stark zu den Sinnen des Wahrnehmenden. Wie sinnenhaft ist der Leib! Er hat Gestalt, Gewicht, Ausdehnung und Farbe. Und trotzdem bleibt eine Frage: ist das eigentlich schon der Mensch, eben dieser Leib? Gerade bei Säuglingen läßt sich dann eindrücklich beobachten, wie da noch etwas anderes wirkt. Wir gewahren an ihnen oder durch sie wie einen Abdruck tieferer Wirklichkeit: da huschen nämlich plötzlich über das Antlitz irgendwelche Regungen, und zwar von einer Dramatik, blitzhaft, wie sie später nie wieder zu erleben sind. Ständig spielt in der Miene etwas Hochdifferenziertes, das man als Wahrnehmender kaum aufzufangen in der Lage ist. Im Vergleich dazu fühlt man sich beim Erwachsenen und seiner Mimik an einen Akteur auf der Bühne erinnert, der gerade über den Witz eines Komikers hell auflacht, wobei der Komiker unmittelbar eine tragische Mitteilung nachschiebt, während der andere noch ganz vom zuerst Gesagten gefangen weiterlacht. Erst nach einer Weile wird realisiert, was denn die zweite Mitteilung an schwerwiegendem Inhalt hat. Die Mimik erstarrt vollends. Gerade bei einem Säugling erlebt man etwas Gegenteiliges: höchst dynamische seelische Regungen bilden sich fortwährend im Spiegel der Miene ab, sie teilen sich wie der Wellenschlag aus dem unergründlichen See des Innern mit, ohne daß man sie je ganz fassen könnte. Ist nicht dieses Unergründlich-Unbewußte, das sich allmählich bewußt-vorsätzlich des Leibes bemächtigt, ihn gestaltend und beherrschend, das geistige Wesen des Menschen, das sich inkarniert? Neben dem Sinnenhaften tritt also ein Dahinterstehendes auf, das sich im huschenden Mienenspiel wie abspiegelt, ohne darin voll anwesend zu sein.

Neben dieser in der Zeit rasch verlaufenden *Dynamik* wie der Mimik und dem leiblichen So-Sein (Gewicht, Aussehen) gibt es noch eine andere Erscheinung, viel schwerer be-greif-bar, aber nicht weniger eindrücklich: das ist die, daß sich dieser sinnenfällige Leib selbst auch *langsam* verändert, verwandelt, daß er im Grunde gar nicht «ist», sondern «wird». Hat man dann ein Kind über längere Zeit nicht gesehen – das gilt auch noch eingeschränkt für Erwachsene –, so ist es kaum, zumindest aber schwer wiederzuerkennen. Wer kann die durchaus sinnenfälligen zeitlichen, aber langsamen Veränderungen voll erfassen? Niemand. Es sei denn, daß wir die frühere Wahrnehmung im Gedächtnis bewahren und dann wieder in der Erinnerung aufrufen und sie mit der neuen innerlich vergleichen. Die erinnerte Vorstellung, verglichen mit der Gegenwartswahrnehmung, läßt allein die in der Zeit stattfindenden Wandlungsvorgänge festhalten und vergegenwärtigen. Das stellt einen Akt geistiger Tätigkeit dar, der Phantasie, die ermöglicht, kommende Zustände innerlich vorwegzunehmen.

Dies ist wiederum etwas anderes als das, was sich im Mienenspiel wie zeichenhaft, auf eine andere Wirklichkeit – die seelische – deutend, abspielt, so daß wir also durchaus drei Seinsweisen des menschlichen Daseins in diesen wenigen Hinweisen vergegenwärtigen können:

1. zunächst die Leiblichkeit – das, was wägbar ist, z. B. 6132 Gramm. Das ist gewichtig, weil es stofflich ist. Nennen wir es physisch, es ist die äußere Leiblichkeit, wir nennen ihn *physischen Leib*.

2. Dann aber gibt es eine andere Schicht, die sich ausdrückt in fortwährend sich wandelnden Zuständen, in Äußerungen, d. h. in Mitteilungen eines Inneren nach außen; sei es in jenen unnachahmlichen, fordernden Lautbildungen, die dann in krächzähnliche, schluchzende Laute übergehen, bis schließlich das forderndere, energischere Schreien folgt. Hier hat man es, einverwoben in diese Leiblichkeit, mit Empfindungen, mit inneren seelischen Zuständlichkeiten, die einander abwechseln, zu tun. Was sich so offenbart, soll, weil es eng mit der Leiblichkeit verbunden ist, *Seelen-* oder *Empfindungsleib* heißen.

3. Und zwischen diesem, was sich als Seele kundgibt, und der Leiblichkeit liegt jener auch mit dem Leib zusammenhängende Bereich des Lebens, der sich völlig in der Zeit, d. h. zeitgebunden, prozessual entfaltet. Er dokumentiert sich in Vorgängen des Wachstums, der Leibgestaltung, der Leibwerdung. Wir können von *Lebens-* oder *Zeitenleib* sprechen; nach älterer Überlieferung heißt er auch Ätherleib.

Da gibt es aber zwischen Kindern verschiedenen Alters noch weitere merkwürdige Phänomene: Wenn ein Kinderwagen auftaucht, werden sie von dessen Anblick angezogen und suchen die Gelegenheit, hineinzublicken. Zumeist selbst recht lebhaft und bewegungsfreudig, oft lautstark, geht mit ihnen eine tiefgreifende Wandlung beim Anblick eines Säuglings vonstatten. Sie sehen schweigend, hingegeben, ja andächtig auf den nach ihnen Geborenen hin; man hat den Eindruck, sie verstummen aus Ehrfurcht.

Was nehmen Kinder hier wohl wahr? Vielleicht ähnliches wie Erwachsene. Wohl das Wunder des Vollkommenen, den Glanz des aufleuchtenden Urbilds. Dafür ein Beispiel zur Illustration: An einer Ampel stehen an einem heißen Sommertag zwei Autos nebeneinander. Aus dem einen ruft bei offener Scheibe ein etwa siebenjähriger Junge dem Mercedes-Fahrer neben sich «Hallo» zu und winkt ihm. Der Mann, mit ernstem Gesicht, innerlich mit seinen eigenen Vorstellungen beschäftigt, schaut etwas verkniffen auf und – nun verändert sich das Gesicht, er lächelt herüber. Schließlich fragt er zurück: «Wie geht es dir denn? Du kommst sicher von der Schule und hast heute Rechnen gehabt.» Antwort des Kindes: «Ja». «Das magst du sicher nicht gern?» «Nein.» «Das habe ich auch nicht gemocht.» Inzwischen schaltete die Ampel auf gelb, beide Wagen fuhren an, am Steuer ein «veränderter» Mann, angesprochen vom Wesen des Kindlichen, einem Höheren.

4. Was geschieht so durch ein Kind, was trägt es ins Dasein? Es ist dies eine Wirkung, die auf einem Unwägbaren beruht, das nicht allein der Leiblichkeit, nicht den Wachstumsvorgängen und nicht dem seelischen Abglanz zugehört, sondern das ganz spezifisch Kindliche ausmacht. Es ist immateriell, in seiner Wirkung aber fühlbar. Es bricht in das abgeschlossene Gefüge des Erwachsenen ein und verbreitet Glanz; darüber vergißt er, was ihn an Alltagssorgen bedrängt, für kurze Zeit. Woher kommt dieses Unwägbare, gleichsam Weihnachtliche, aber Wirkende? Es ist ein Glanz um das Kind, der dessen Leiblichkeit umgibt, umspielt. Bei den Erwachsenen hat er sich «verleiblicht», verinnerlicht, ist eingezogen, stiftet von innen das *Selbstbewußtsein*. Damit ist das Gefühl der eigenen Gewißheit, Überlegenheit, aber auch das Gefühl der Sorge verbunden.

Es ist das aus der Vorgeburtlichkeit herrührende «präexistente» *Ich*, das das Kind umspielt und ihm unvergleichbare Kräfte verleiht. «Der Mensch erreicht seine Menschwerdung erst wirklich, wenn er erwachsen ist. Als Kind hat er noch Anteil am Göttlichen. Er ist von Natur göttlich-menschlich, bevor er ganz menschlich wird. Und unter den erwachsenen Menschen erreicht eigentlich nur der Mann den vollen Boden der Menschwerdung. Die Frau hat, insofern sie ihr Wesen nicht verfälscht, noch Anteil am Göttlichen und bleibt von Natur göttlich-menschlich. Durch das Urbild des Kindseins, das in die Kindesnatur, und durch das Mysterium des Ewig-Weiblichen, das in die Frauennatur hineinspielt, ragt die Menschheit über sich selbst hinaus. Dieses Doppelmysterium schaut uns an aus allen den weihnachtlich verklärten Bildern von der Madonna mit dem Jesuskinde.»[39]

So müssen wir einen weiteren Faktor menschlicher Wirksamkeit neben dem, genauer gesagt, im physischen Leib, in Zeit- und Seelenleib festhalten: Ist der Mensch «Mensch» geworden als Erwachsener, so fehlt ihm dieser Glanz, der das Kind noch umspielt. Er ist nunmehr zum Zentrum geworden, in ihm ist seine Geistnatur eingeschlossen, manchmal ihn zu Taten aufrufend, manchmal matt, manchmal verkrampft, manchmal ihn erhöhend, weitertreibend, ihn über sich hinausführend[40].

2. Seelische Triebkräfte – ihre polare Natur

Nachdem die Konzeption der ineinander steckenden Entitäten, der verschiedenen – qualitativ unterscheidbaren –, der *einen* Menschenwesenheit zugehörigen Glieder skizziert worden ist, kann gefragt werden, wo denn die zentralen Triebkräfte der Freud'schen Konzeption – Libido (Lust) und Thanatos (Tod/Zerstörung) – zu finden sind. Vergegenwärtigen wir uns das wache Innenleben in der Selbstbeobachtung, das die Seele Tag für Tag durchzieht, so finden wir unser Vorstellungsleben, also alles, was an Bildern mehr oder minder verarbeiteter Wahrnehmungen, Erinnerungen vor dem Horizont des hellen Bewußtseins auftaucht.

[39] Emil Bock: Kindheit und Jugend Jesu, Stuttgart, 5. Aufl. 1976, S. 44 f.
[40] Diese vierfache Seinsgestaltung des Menschen findet sich zu allen Zeiten der Menschheit, im Ägyptischen, wo neben dem Leib der *Ka* (= Ätherleib) des Menschen, der *Ba*, die Seele, und Jakhu (oder Khu), das Ich des Menschen unterschieden wurde, ebenso wie bei Aristoteles in seiner Seelenlehre. Neu für das wissenschaftliche Verständnis der Gegenwart wurde sie begründet von Rudolf Steiner in seinem Buch «Theosophie – Einführung in übersinnliche Welterkenntnis und Menschenbestimmung», GA 9, 30. Aufl., Dornach 1976.

Diesem Vorstellungsgewebe steht polar gegenüber in der Seele das Dunkelfeld des *Willens*. Er selbst ist nur als *Kraft*, als Wirksamkeit erfahrbar, die sich sprachlich kaum fassen läßt. Doch sie ermöglicht das Werden. Was dem Willen fehlt, ist der bildhafte Inhalt, deshalb entzieht er sich auch leicht der Wahrnehmung. Da sich aber gleichwohl Vorstellungen an ihn anschmiegen, ja sich bestimmend mit ihm verbinden können, wird er durchaus als Handlungsziel, als Motiv, nicht aber als Wille selbst bewußt. Umgekehrt vermag die Kraft des Willens im Vorstellen eine entschiedene Richtung zu bewirken: alles folgerichtige Denken kommt durch ihn zuwege. Beide Pole – Vorstellen und Wollen – können aber auch unausgeführt bleiben und wie zurückgehalten in sich verharren. Dann wird der Inhalt des Vorstellens und die Kraft des Willens jeweils zu einer erlebbaren *Geste der Seele*, die sich im Gefühl äußert. Das Vorstellen wird in der Geste des Absetzens, Gegenüberstellens, Zurückweisens, Sich-Zurückziehens auf etwas zur *Antipathie*; in der Geste des Öffnens, des Verschmelzens, Hinübergleitens, des Einswerden mit etwas zur *Sympathie*.

Ziehe ich mich in der stark erlebten Antipathie, die im Extrem den Ekel umfaßt, auf mich zurück, so bedeutet dies zugleich ein Gewahrwerden meiner Selbst, d. h. mein Gefühl richtet sich auf mich. Wo dieses antipathische Gefühl dann nach außen wirkt, und zwar ungeläutert durch ein subtileres Erkennen, wird es zum Haß. Bemächtigt sich dieser Haß des Willens, so bewirkt er als Gefühlsantrieb Aggression und Destruktion. – Fließe ich hingegen mit der Sympathie in ein anderes oder in einen anderen hinein, so geht der Inhalt des Gefühls im All-Einen, im Geborgenen unter und verschmilzt, und das was bleibt, ist allenfalls die beseeligende Stimmung. Das klare Bewußtsein hingegen schwindet, wird dumpf. In der tätig liebenden Hinwendung – sie ist Gegenpol jeder Destruktion – kann Neues, Ungeahntes werden. Schöpfung geschieht immer in *Liebe*. Das Gefühlsleben, die eigentliche Innerlichkeit, konstituiert sich demnach aus zwei Triebkräften, aus Antipathie und Sympathie, die in stetigem Wechsel des Rückzugs nach innen und der ausweitenden Hingabe nach außen, der Systole und Diastole, der Einatmung und Ausatmung, sich als immerwährende Gegenwart der Seele selbst offenbaren.

Gäbe es nur Leib und Leben wie bei der Pflanze, so wäre Wunsch- und Begierdelosigkeit auch das menschliche Schicksal. Doch mit dem ersten Atemzug *beseelt* sich der lebendige Leib des Kindes mit diesen zwei Grundkräften und Substanzen, die sich als Geist-Seele in den Leib inkarnieren. Trotz dieser Ver-leiblichung der Seele ist die Anwesenheit ihrer Kräfte jedoch wechselnd: im Schlaf werden sie gleichsam sympathisch in die Welt hinausgehaucht, im Wachen zentrieren sie sich bewußtseinsstiftend, wobei sie von den um vieles klareren Wahrnehmungen und Vorstellungen überlagert werden. Dabei verbindet sich die Antipathie stärker mit dem bewußten Erkennen, insbesondere mit dem wachen Vorstellen, die Sympathie dagegen mit dem dunklen Wollen, das sich «in seinem dunklen Drange des rechten Weges wohl *bewußt*» bleiben kann.

In dem Wechsel von Wachen und Schlaf – von existentieller Antipathie und Sympathie – schafft das Ich die Kontinuität, d. h. es hält in allem Wandel, in Distanz und Hingabe das Erleben der eigenen Identität aufrecht. Wie Sympathie und Antipathie als *die* Seelenkräfte zwar eigenständige Entitäten, aber zum innersten Wesen des Menschen hin «offen» sind, d. h. im günstigeren Fall dessen völlig selbstlose Diener werden, so schmiegen sie sich selbstverständlich auch in die Lebensprozesse des Leibes ein, werden demgemäß von ihm beeinflußt und bestimmt, sind sie doch auch in ihm verankert.

Inkarnation, d. h. Geburt bedeutet, daß sich die seelischen Kräfte in den von ihnen schon mitgeschaffenen und ihnen verbundenen Leib «hineinsetzen» und darum auch von dort her beschrieben werden können. So ist der Leib bei der Geburt am vollkommensten in den Sinnen und im Nervensystem, dort erlangt er seine «Reife» zuerst. Reif, weil dem Bewußtsein zugänglich, reife Bilder, nicht aber vollkommene Werke in der realen Welt erzeugend: das ist Nervensystem. Voller Zukunft, mehr Anlage als fertiges Instrument ist das Gliedmaßensystem; es bildet den dauernden Keim in der ungleichen Reifung des Leibes, aus dem Werdendes, Taten hervorgehen. Das Nervensystem in seiner Reife vermag schon früh dem Vorstellen Platz zu geben. «Aber mit dem eigentlichen Erkennen hat das Gehirn und das Nervensystem überhaupt nichts zu tun, sondern nur mit dem Ausdruck des Erkennens im physischen Organismus.»[41]

Die *gestaltenden* Kräfte sind die seelisch-geistigen, denn Stoff bleibt als Stoff stets amorph oder kristallin, nicht organisch. So weist jede reife Gestaltung zurück in vorangegangenes geistiges Wirken. Die erken-

---

[41] R. Steiner: Allgemeine Menschenkunde, GA 293, 2. V.

nende Gebärde heißt Gestalten, heißt Bewußtwerden, sie verknüpft sich mit der Antipathie, die auch auf Vergangenes weist. Die *Kraft* des Vorstellens (nicht die Bild-*Inhalte*) weist zurück in die Vergangenheit, d. h. in das Vorgeburtliche. «Vorstellen ist Bild von all den Erlebnissen, die vorgeburtlich bzw. vor der Empfängnis von uns erlebt sind . . . Und so wie die gewöhnlichen Spiegelbilder räumlich als Spiegelbilder entstehen, so spiegelt sich ihr Leben zwischen Tod und neuer Geburt in dem jetzigen Leben darinnen, und diese Spiegelung ist das Vorstellen» (ebd.).

Entgegengesetzt ist es wiederum beim Willen: er wird zielgerichtet aus der Leiblichkeit in der menschlichen Arbeit entbunden; in den Wirkungen, die er erzeugt, lebt er weiter, unabsehbar zukünftig. Jedes Werk, jede Tat zeitigt Folgen, die im Moment der Entstehung nicht voll umfaßt werden können. So bleibt ihnen immer etwas Werdendes eigen. Es sind stets Anfänge, Keime (Initiative heißt: Keime, Anfänge setzen). Auch menschheitlich gilt, daß gemessen an den reifen Vorstellungsleistungen (Wissenschaft) und Akten der Destruktion (Kriege) Taten der Liebe erst keimhaft-zart auftreten. Seine volle Realität, ein reifes Sein erlangt der Wille erst in Zukunft, wenn alle Wirkung entfaltet ist. Darum wird auch erst spät, zu spät vielleicht, die Wirkung alles Tuns an der Natur sichtbar, und diese Sicht wird zugleich zum neuerlichen Tat-Aufruf, zum moralischen Impuls. «Das Wollen lebt in uns, weil wir mit ihm Sympathie haben, weil wir mit diesem Keim, der nach dem Tode sich erst entwickelt, Sympathie haben» (ebd.). Der Wille wird anschaubar in der Bewegung der Glieder, da «äußert» er sich. Er ist leiblich verankert im Muskelsystem und in dem dieses durchströmenden Blut, dem ständigen Werde- und Keimpol des Menschen. Dies ist der Ort seiner Willens-Inkarnation.

Das nach Behütung, Lust, Befriedigung, Verschmelzung, Geborgenheit Strebende im Menschen ist eine seelische Grundkraft, die, wenn sie sich des Leibes bemächtigt, leib-bezogen erscheint; wenn sie innerlich bleibt, als Sympathie auftritt, und wenn sie zur geistigen Selbstbestimmung erhoben wird, selbstlose, freie Taten der Moral bewirkt. Sie erlangt ihre volle Wirklichkeit erst in der Zukunft, weil jede Tat nur Teil in der Gesamtkette aller Handlungen ist. Die Summe aller Handlungen, in denen ich anwesend war, wird erst anschaubar, wenn die bewirkende Kraft ohne die Einschränkung des Leibes frei wird: das ist nach dem Leben, also nach dem Tode. Da erst wird eine Summenbildung alles Aufbauenden möglich.

Die sympathisch offene Hinwendung, rückhaltlos und ohne Wenn und Aber, zeichnet das kleine Kind aus: es ist durch seine Sinne ganz offen zur Umwelt hin, liefert sich ihr ganz aus – ohne Mißtrauen. Es ist voller Erwartung, voller Zukunft, beinahe ausfließend, darum auch so sehr der Geborgenheit bedürftig. Denn aus der Umwelt kommt nicht nur Segen, sondern auch anderes: Spiegeln die Sinne nicht auch die Ent-Täuschung (Maja)? Dieses andere, die Rückspiegelung, genauer: das Zurückgeworfen-Werden gestaltet den Leib vor allem in der Reifung des Nervensystems. In der Ent-Täuschung wendet sich das Erleben auf sich zurück und erwacht zu sich, es re-flektiert und gewinnt dadurch Abstand. Erst aus der Reflexion, dem Abstand und dem Sich-Gegenüberstehen kann der Versuch erwachsen, in neuer Weise den Weg zur Welt zu bahnen, tiefer in sie einzudringen. In diesem Ausdehnen und Reflektieren verwirklicht sich der Mensch selbst, gestaltet sich aus: leiblich und seelisch, so daß sein innerstes Wesen dann die Handlung zu bestimmen vermag.

Zunächst aber sind die Rückzugserlebnisse des Kindes an den Bewegungen abzulesen: aus zappelnden werden gerichtete. Läuft der Vorgang ohne Geborgenheit der seelisch-liebevollen Hinwendung ab, dann schafft sich das Kind in der Verängstigung einen eigenen Schutzraum: es wendet sich auf sich selbst, umklammert sich. Daraus resultierende Reflexion zielt dann darauf ab, wie die ängstigende Umwelt beherrscht werden kann, am besten, wenn sie zerstört oder selbst geängstigt wird. Aus Antipathie wird Destruktion.

Die destruktive Kraft (Thanatos), die andere schädigt, sich behauptet, Sachen zerstört, Besitz heischt, Herrschaft ausübt, unterdrückt, ist also jene polare seelische Grundkraft zur Sympathie: die Antipathie, die auch in verschiedenen Qualitäten auftritt. Wird sie auf die Ebene des Geistigen gehoben, so dient sie dem Vorstellen und der Erkenntnis. Wird sie in den Dienst des Leiblichen gestellt, so bezieht sie alles auf sich, eignet sich alles an, zerstört gar, vernichtet, wird vielleicht nekrophil[42]. Sie stammt

[42] E. Fromm: a.a.O. – Von daher ist auch der «Todhaß der Geschlechter» (Nietzsche), das Destruktive im Geschlechtlichen, verstehbar. «Denn nahezu unüberwindliche Anziehungs- und Begehrenskräfte müssen in Haß umschlagen, wenn sie von den Beteiligten . . . nicht in personenhaft-durchichter Weise gestaltet werden. Wenn uns nämlich sexuell-erotische Leidenschaften anfallweise immer überwältigen, das heißt unsere Persönlichkeit zu versklaven drohen, dann beginnen wir bisweilen den zu hassen, der Ursache dieser unbewältigten Leidenschaft zu sein scheint . . . Im Essen vollzieht sich aber eine egozentrische

als seelische Entität aus ganz anderer Zeitdimension: aus der Vergangenheit; sie ist reif, überreif, manchmal bis zum Vergehen, zum Verwesen.

Bei dieser Betrachtung werden die seelischen Grundkräfte nicht aus dem Leib geboren gedacht – einen solchen hat auch die Pflanze –, sondern sie schaffen sich den Leib als einen Innenraum, in dem sie zu einem Instrument des unvergänglichen Geistes werden. Der Leib wird durch das Geistig-Seelische mitgeformt: Er erhält in den Sinnen und im Gehirn das Organ, durch das die Seele sich in der Antipathie betätigen und ihrer selbst bewußt werden kann; ebenso haben wir in den Gliedern den Bewegungspol, der zu den Tätigkeiten hinführt, mit denen sich die Seele in der Sympathie verbinden will. Dadurch wird schließlich die Seele das Organ, dessen sich der Geist (Ich) bedient, ist er es doch, der allein Identität und Dauer schafft bei allem Wechsel in den Eindrücken und Bewegungen. Zugleich unterwirft er so die Seele einer höheren Ordnung: er bewirkt Erkenntnis, bewahrt Erinnerung, bleibt mit sich in Übereinstimmung[43].

Allerdings ist das Verhältnis von Leib und Seele und von Seele zu Geist kein statisch fixiertes, sondern ein sich entwickelndes. Ja, bei der Geburt ist nicht einmal der Leib reif ausgebildet, noch weniger sind es die seelischen Funktionen, erst recht nicht der Geist. Damit wird deutlich, daß die menschliche Geschlechtlichkeit Teil in einem umfassenden Zusammenhang ist und nur von da aus sachgerecht eingeordnet werden kann.

Zuneigung (Zerbeißen, Zerkauen, Verdauen) der Nahrung. Von hier aus ist es dann nur ein Schritt zum Lustmord ... Menschen, die ... an Kontaktarmut leiden, die Schwierigkeit haben, von sich selbst loszukommen und sich einem mitmenschlichen Du in echter Liebe hinzugeben, solche Menschen sind den Abgründen des Erotisch-Sexuellen, also den Sexual-Qualen ... besonders ausgesetzt. Die Paarung vieler Tiere gleicht einem Kampf, einem schmerzvollen Ringen ... Was hier ich-los und wie in einem düsteren Traumgeschehen sich vollzieht, kann auch in die Sphäre des Menschseins einbrechen ... (als) schreckliche Enthüllung der in den Tiefen des Erotisch-Sexuellen wirkenden Kräfte ... Alles bloße Begehren ist egozentrisch ... und als solches mit Mißachtung, ja mit Zerstörung verbunden ... Den Partner zu begehren, zu beanspruchen, an sich zu nehmen, ist eben nur insoweit berechtigt und gefahrlos, als wir ... uns auch selber hingeben. Dann (wird) das erotisch-sexuelle Geschehen ... zur Vereinigung, zur Einheit in einem Höheren.» Otto Julius Hartmann: Das Männliche und das Weibliche. Frbg. 1975, S. 38 ff.

[43] W. Bühler: Der Leib als Instrument der Seele, 7. Aufl. Stgt. 1979.

3. «Geburten» und Leibwandlung

Da das Verhältnis der Wirkensfaktoren von Leib, Seele und Ich zueinander sich in der Biographie wandelt, ja dieser Wandel die kindliche und menschliche Entwicklung erst wahrhaft verständlich machen kann, sei nochmals auf das Neugeborene hingeblickt. Bei ihm ist kaum etwas biologisch voll ausgereift, wenn auch alles veranlagt. Reif ist allein ein Teil der Sinnesorgane. Aber schon das, was durch den Sinnesprozeß vermittelt wird, kann nicht sofort verarbeitet werden, vielmehr bedarf es hierzu eines Reifungsvorganges, der erst jene «Verarbeitungsorgane» aus den Anlagen herausbildet. Das Gehirn stellt dieses Organ dar. Es ist der Zahl der Nervenzellen nach zwar mit der Geburt weitgehend «fertig», aber keineswegs in seiner inneren Struktur. Diese ist noch recht «gestaltlos», sowohl was die makroskopische Struktur, d. h. also die Gehirnwindungen und Furchen betrifft, als auch in der inneren Vernetzung zwischen den Gehirnzellen. Diese Cytoarchitektur muß erst gebildet werden. Das geschieht in einem innigen Wechselverhältnis mit der Umwelt – durch die Sinne. Von den ersten Lebenswochen an differenziert sich durch die sinnlichen Wahrnehmungen das Gehirn. Es ist dies ein innerer leiblicher Wachstums- und Gestaltungsvorgang, durch den sich das zunächst nur kurz aufblitzende Seelische mehr und mehr der eigenen Leiblichkeit auf *Dauer* bemächtigt. Eine entscheidende Leistung kommt bei dieser Tätigkeit der *Nachahmungsfähigkeit* zu, also einer geistigen Qualität, welche die Organplastik gestaltet. Durch Nachahmung kann das Seelische nämlich viel vorsätzlicher, absichtsvoller, zielgerechter in die Leiblichkeit und deren Gestaltung eingreifen, sich in ihr beheimaten und sich auch ihrer bedienen. Das Seelische, d. s. jene starken Kräfte der Sympathie und Antipathie, haftet zunächst ganz an den verschiedenen Sinnesbezirken der Körperoberfläche, wird dann aber viel innerlicher, zieht einerseits «tiefer» in den Leib, befreit sich aber andererseits daraus und wird zur Fähigkeitsanlage. So wird z. B. eine erste Stufe der Gehirnreife im Verlauf des dritten Jahres erreicht – sie ist keineswegs schon die letzte –, wo nun das Kind (dies ist äußerlich beobachtbar) die ersten eigenen Überlegungen anzustellen beginnt, d. h. das Kind «denkt», wenn auch zunächst in einer völlig anderen, viel bildhafteren, konkret-sinnesgesättigteren Weise als der Erwachsene mit seiner eher abgezogenen Verstandeslogik.

Zuvor reifen im Nervensystem schon die «motorischen Zentren» heran, die zunehmend gerichtete Bewegungen ermöglichen. So kann zunächst kein Neugeborenes vorsätzliche, zweckgerichtete, koordinierte Bewegungen (außer einigen Reflexen, insbesondere dem Saugreflex) ausführen. Im Verlauf des ersten Lebensjahres jedoch reift der Bewegungsmensch schon soweit aus, daß zunächst der Blick, später dann Händchen und Arme und schließlich mit der Aufrichtung und den ersten Schritten auch die Beine koordiniert, d. h. vorsätzlich-intentional bewegt werden können.

So wie diese «absteigende» Entwicklung – vom Kopf zu den Füßen – festzustellen ist, die von den Augen über die Arme zu den Beinen zunehmend den Menschen *ermächtigt* (= Reifung), damit das Seelische den Leib vorsätzlich – intentional – ergreifen kann, scheinen auch die anderen Reifungsvorgänge geartet zu sein. In der frühen Kindheit wird also der Menschenleib einer «zweiten», gewissermaßen nachembryonalen, biologischen Reifung unterzogen, an deren anderem Ende dann eine Art «zweiter Geburt» steht[44]. Hier werden darüber hinaus noch weitere «Geburten» voneinander unterschieden, die mit Schul-, Geschlechts- und Lebensreife parallel gehen und äußerlich vielleicht weniger deutlich sichtbar sind, die aber bei gegebenen Begriffen der subtileren Beobachtung um so eindrücklicher verstehbar werden.

Da ist zunächst der Eintritt der Schulreife. Zwischen der Geburt und der Schulreife hat der Mensch seinen Leib tief umgestaltet. Dabei gilt, daß bei aller Wandlung ein System an Dynamik und Vollkommenheit vorausgeht: der Kopf mit Sinnes- und Nervensystem. Im sogenannten ersten Gestaltwandel, zwischen fünf und sieben Jahren, streckt sich das Kind insbesondere in der Brustregion und schließlich auch in den verlängerten Gliedmaßen, so daß es nunmehr mit seinem ausgestreckten Arm über den Kopf gerade das Ohr ergreifen kann. Dieses Verfahren wurde auf den Philippinen bei Kindern mit unbekanntem Geburtsalter zur Bestimmung der Schulreife angewendet.

Zugleich fällt dieser Wandel zusammen mit dem Wechsel der Zähne: dabei fallen die ersten, ererbten Milchzähne aus, während darunter bereits die Zahnkronen der zweiten Zähne in ihren Formen ausgebildet sind, wobei die Wurzeln noch fehlen. Dieser Vorgang der Reifung, der

[44] Der Begriff der zweiten (sozio-kulturellen) Geburt ist im soziologischen Sprachgebrauch üblich. Vgl. Claessens, D.: Familie und Wertsystem. Eine Studie zur «zweiten, sozio-kulturellen Geburt» des Menschen, Berlin 1967.

vor allem die sichtbare und mikroskopisch feine Struktur der Leiborgane umfaßt, bedeutet, daß in Zukunft dort weniger intensiv Kräfte der Gestaltung wirken müssen, das entsprechende Organ ist gestaltet, vergrößert sich vielleicht noch, wird nur noch erhalten. Dadurch aber wandeln sich die Gestaltungskräfte von solchen der Leibbildung um in solche, die fortan der Seele des Kindes zu ihrer Ausgestaltung dienen. Sie werden aus ursprünglich leibgebundenen zu verinnerlichten (seelischen) Kräften. So resultiert aus der Gehirnreife vor allem die Fähigkeit der freien Vorstellung und des Gedächtnisses.

Dieser Vorgang der ersten Reifung in der frühen Kindheit gliedert sich offenkundig in verschiedene Etappen: in den ersten drei Jahren in den Erwerb des Geh-, Sprach- und Denkvermögens. Was heißt das aber? Die polaren Seelenkräfte der Antipathie und Sympathie, die sich als reine Befindlichkeit des Leibes bemächtigen, werden tiefer in diesem verankert oder – so ließe sich vielleicht auch sagen – der Leib wird durch sie verändert. Denn die Befindlichkeit von Lust und Schmerz lernt durch Reflexion sich zurückzuhalten und in der Heftigkeit des So-Seins sich zu mäßigen, nämlich dann, wenn sie sich zu «äußern» vermag – in der Sprache. Die Seele spricht und teilt sich nach außen mit, und im Sprechen erfährt sie sich in einem zarten Abstand von sich selbst. Die Sprache fängt an, den Ablauf des wechselvollen Geschicks der Seelenkräfte und der Gefühle zu ordnen, ohne sie etwa zu beseitigen. Aus dieser ersten, der sprachlichen Ordnung erwächst dann noch ein weiterer Abstand (eine zweite, höhere Ordnung), die denkerisch-vorstellende Reflexion. Alles geschieht in den ersten Jahren in der Veranlagung und in Ansätzen, aber eben dadurch, daß der Leib zunehmend Organ seelischer Kräfte wird, d. h. sie aufnimmt und diesen durch seine Funktion zum Selbstgewahrwerden und Bewußtsein verhilft. Wenn das Denken im 3. Lebensjahr aufzuleuchten beginnt, kann sich die nachembryonale Leibgestaltung tieferen Regionen zuwenden: die Organdurchdringung, d. h. die Reifevorgänge, die in den ersten beiden Jahren auf das Gehirn konzentriert waren, wie der Erwerb der motorischen Ausrichtung, der Sprache und das anfängliche Denkvermögen zeigen, erfassen nun stärker den Brustraum. Das Seelische verbindet sich in seiner Eigenart zwischen 3 bis 4–5 Jahren vermehrt mit der Region des Zirkulationssystems von Blutkreislauf und Atemrhythmus. Diese Phase fällt zusammen mit dem, was Zeller in seiner Konstitutionslehre *Leibfüllung* im Gegensatz zur davorliegenden und nachfolgenden Leibstrekkung nennt[45]. Ein freies Erleben, eine persönliche Hin- oder Abwendung zu Erwachsenen oder zu anderen Kindern wird Ausdruck hierfür.

Schließlich wird im letzten Drittel der frühen Kindheit vom vollendeten vierten bis zum siebten Lebensjahr eine noch tiefere Leibregion ausgeformt und in einem ersten Durchgang dem Seelischen durchlässig gemacht. (Selbstverständlich wirkt die Ausgestaltung und biologische Reifung des Gehirns, der Thoraxregion gleichzeitig weiterhin fort, wie das Gesamtwachstum des Leibes anhält.) Nunmehr wird der Verdauungs- und vor allem auch der Beinbereich (Streckung!) sowie die dazwischen gelagerte Genitalorganisation weiter ausgebildet und verstärkt geformt, ohne daß schon von Reifung gesprochen werden könnte. Aus der Gesamtentwicklung, also der Art, wie die polaren Kräfte der Seele die differenzierte Leiblichkeit funktionell ergreifen und sich diese als ihr ureigenstes Organ zubereiten, wird dann auch die Geschlechtlichkeit als ein Teilbereich im Gesamten verstehbar, niemals aber umgekehrt: der Mensch von der Geschlechtlichkeit her. Ursprünglich und ursächlich für die ganze Entwicklung sind die Kräfte des polaren Seelischen. Weder kann Sprache erworben werden noch leibliche Entwicklung stattfinden, wenn liebende und sprechende Zuwendung fehlt; dann hospitalisiert das Kind, es verkümmert. Die eigene Seele kann nicht auf das umgebende Seelische antworten. Die Seele ergreift zunächst die Sinne, dann das dazugehörige Nervengefüge, viel später erst die Atmung und die entsprechenden Organsysteme, noch später erst die Geschlechtsorganisation: erst dann tritt aber die Sexualität auf, sie gliedert sich als ein Teil in den Gesamtkreis des seelischen Erlebens ein.

4. Die sogenannte «ödipale Phase»
– Sinn und Deutung

Dies ist jene Phase, die zusammenfällt mit dem, was Freud als «phallische Phase» der kindlichen Entwicklung bezeichnet hat[46].

Was geschieht da? Die ganze frühe Kindheit mit ihrer Leibgestaltung

[45] Vgl. B. C. J. Lievegoed: Entwicklungsphasen des Kindes, Stgt. 1976.
[46] Es wird heute angenommen, daß die Freud'schen Beobachtungen in Abhängigkeit von der Werteinstellung in der Gesellschaft zu sehen sind. Nur in

und ihrem Wachstum zielt in der Reifung zunächst vor allem darauf, daß der Mensch jene Kräfte, die unbewußt an seinem Leib arbeiten und die er tatsächlich *verschläft* – man denke nur an die viel ausgedehntere Schlafdauer des Kindes –, mit der Reifung umwandelt in solche, die verstärkt, vorsätzlich und willentlich für die eigenen Absichten verfügbar werden. In diesem Sinne wird mit dem siebenten Jahr, mit dem Zahnwechsel, namentlich das Nervensystem, ja der ganze Kopfmensch reif und der Mensch als Intelligenzwesen «geboren». Reifer zwar als bei der Geburt, aber keineswegs «fertig» ausgebildet ist das Atem-Kreislaufsystem und ebenso der Bereich von Stoffwechsel und Gliedmaßen. In einem ersten Durchgang der Leibbildung wird eine Vervollkommnung erzielt, aber keineswegs schon die völlige endgültige «Reife». Und wenn nun zwischen 4.–5. und 7. Lebensjahr die sogenannte ödipale Phase eintritt, so bedeutet dies nichts anderes, als daß die Lebensprozesse in diesem Alter den Bereich auch der Geschlechtsorganisation «bearbeiten» und damit einem späteren seelischen Ergreifen zubereiten.

Von Sexualität kann aber keineswegs gesprochen werden, denn diese baut auf Triebspannung und Triebbefriedigung durch sexuelle Handlungen, d. h. Reizung, Erregung und Abfuhr auf. Was zur Zeit der sogenannten ödipalen Phase durchlebt wird, bei einer Reihe von Kindern – keinesfalls bei allen – bis zu halber Bewußtheit, zum Traum, aufsteigend, ist allenfalls als eine «vorbereitende Prägungsphase» zu verstehen, «da das Erkennen des Triebobjekts nicht angeborenerweise bekannt ist. Dieses Kennenlernen des Objekts erfolgt in einem anderen Funktionskreis als für den es bestimmt ist, nämlich an den Eltern. Durch unpassende oder unzureichende elterliche Vorbilder in dieser Phase kann eine Fehlentwicklung (muß aber keineswegs, S. L.) einsetzen, und zwar dergestalt, daß die Basis für eine spätere gegengeschlechtliche Objektwahl blockiert wird. Durch diese Gegebenheiten entsteht beim Menschen eine erhöhte Störbarkeit sexueller Partnerschaftsfindung, denn mit Hilfe von Verdrängungsvorgängen kann das zu umfänglichen Triebbehinderungen kommen. Der biologische Sinn der ödipalen Phase besteht

«autoritären Erziehungsverhältnissen mit rigoristischer Sexualmoral» kann Kastrationsangst und anderes erwartet werden. (So Friedrich Koch et al.: «Literaturbericht zum Thema Sexualkunde in der Schule» in: Westermanns Pädagogische Beiträge 4/1972, S. 217). Unsere Argumentation richtet sich auf den Lernvorgang, nicht aber auf die Bildung seelischer Komplexe.

46

also in einer Art Vorlernprozeß, der im Dienst der Arterhaltung steht. Die Inzestschranke, vom Kind als Angst vor Strafe durch den gleichgeschlechtlichen Elternteil erlebt, ist ein entwicklungspsychologischer Zensor, der eine übersteigerte erotische Fixierung an die Eltern verhindert.»[47]

In dem Augenblick, wo sich das gestaltende Lebensgefüge (der Lebensleib) in einem ersten Durchgang der Reife mit der Region des Stoffwechsels und der Geschlechtsorganisation beschäftigt, ehe es sich dann mit sieben Jahren im Hauptesbereich aus den Leibesvorgängen emanzipiert, setzt also ein Lernen ein, das vor allem darin besteht, das andere Geschlecht als von dem eigenen verschieden zu erleben. Dabei ist dieser Lernvorgang völlig *un*sexuell, vergleichbar dem Erleben, daß eine Margerite etwas anderes ist als eine Rose, allerdings mit dem Unterschied, daß sich hier das Lernen auf die Modi, die Art und Weise des Menschseins selbst bezieht. Wo die Lebensfunktionen gestaltend den Bereich des Geschlechtes ergreifen, entsteht also eine Sensibilität, eine Offenheit, sich seelisch der Verschiedenheit menschlichen – d. i. aber auch: geschlechtlichen – Seins wahrnehmend zu öffnen, den Menschen nicht mehr bloß als Menschen schlechthin zu verstehen, wo es nur die Unterscheidung gibt, daß der eine mir näher steht als der andere. Jedes Kind hat eine elementare Offenheit und Mitteilsamkeit gegenüber jedem Erwachsenen; dennoch haben die Eltern, insbesondere die Mutter, eine herausgehobene Stellung. Als liebend sich dem Kind zuneigendes Wesen steht sie in innigerer Beziehung zu ihm als jeder andere Mensch. Aber auch diese Beziehung ist neben der angeborenen, die sich beim Säugling im Blick von der Mutterbrust zu den mütterlichen Augen offenbart, durchaus eine erlernte, d. h. durch einen Akt kindlicher Bewußtwerdung hindurchgegangene, wobei dieses Lernen, die eigene Mutter von anderen Menschen besonders deutlich unterscheiden zu können, ungefähr zwischen dem 6. bis 8. und dem 14. Monat sich ereignet. Parallel dazu geht sehr auffällig eine Phase des Fremdelns.

Ähnlich läßt sich nun von einer «sensiblen Phase» (Hassenstein) im Hinblick auf das Lernen der geschlechtlichen Verschiedenheit sprechen, ohne daß damit irgend etwas Sexuelles verbunden wäre.

Unter dem Begriff der Sexualität fassen wir strikt die ausgereifte Fortpflanzungsfunktion: 1. physiologische Reife (Fortpflanzungsfähig-

---

[47] Ch. Meves: a.a.O., S. 99 f.

keit), 2. das Erleben der Lust im Zusammenhang mit der Geschlechtsorganisation, 3. realer oder vorgestellter Bezug zu einem Partner, 4. mehr oder minder ausgeprägtes Bewußtsein von dem gesellschaftlichen Norm- oder/und Wertgefüge, 5. Handlungs- und Steuerungsfähigkeit. Ebensowenig, wie jemand den Klammerreflex bei der Berührung der Innenfläche der Hand des Neugeborenen als Schreibfähigkeit bezeichnen würde, können wir das flüchtige oder wiederholte «lustvolle» Berühren der eigenen Geschlechtsorgane als Sexualität oder Onanie verstehen.

Auffällig ist dabei ja stets, daß eine Hinwendung zum eigenen Leib immer dann verstärkt erfolgt, wenn entweder der Sinneskontakt, insbesondere die Hautberührung und die wohlig rhythmische Bewegung (Schaukeln, Kosen usw.), die das Kind durch eine liebend sich ihm zuwendende Umwelt erwarten darf, zu gering ist oder ganz fehlt. Dann ersetzt das Kind dies durch Daumenlutschen, Nägelkauen usf. einerseits und durch fast mechanisch wirkende Bewegungsabläufe (Sterotypien) andererseits, die beide über die selbständige und natürliche Entdeckung des eigenen Leibes hinausgehen.

Solange also ein Teilbereich, der von der Entwicklung berührt wird, nicht sachgerecht vom Erkennenden in das Gesamte eingeordnet wird, kommt es zu falschen Urteilen. Ein solches ist das über die frühkindliche Onanie, wie wir sahen. Zum Schreiben wie zum Brotschmieren gehört das Halten von Stift oder Messer, die Fähigkeit wird im Greifen geübt, ohne daß dies Schreiben oder Brotschmieren wäre. Zur Sexualität gehören die Geschlechtsorgane – aber noch viel mehr! Werden die Geschlechtsorgane berührt, wird das auch vom Kind schon als angenehm empfunden, aber Sexualität (im entfalteten Sinne) ist das ebensowenig wie das Festhalten eines Bleistifts Schreiben ist. Die falsche, nur assoziativ, aber nicht sachlich gerechtfertigte Begriffswahl vernebelt so die Tatbestände und suggeriert verfehlte Vorstellungen.

In der hier betrachteten Phase wird der Mensch in seiner in die zwei Geschlechter differenzierten Art «erkannt». Dieser Vorgang bleibt weitgehend unter der Bewußtseinsschwelle, dokumentiert sich aber in den kindlichen Fragen und auch im kindlichen Wahrnehmen. Biologisch haben wir es mit einer *«unharmonischen Reifung»* zu tun. Denn «instinktive Verhaltensweisen, die aus vielen Einzelhandlungen bestehen, reifen vielfach nicht als harmonisches Ganzes, sondern einzelne Handlungsbruchstücke zeigen sich früher als andere. Auch können sie vor der Ausreifung des zugehörigen körperlichen Organs auftreten, so daß sie auch aus diesem Grunde ihre spätere Funktion noch nicht erfüllen können»[48]. In dieser Phase lernt das Kind etwas, wird «geprägt», wobei das Erlernte sich später dann in den Formenkreis der Sexualität eingliedert: «Nicht nur bei Tierjungen liegt eine sexuelle Prägungsphase *vor* der sexuellen Reifung. Eine Erotisierung vor der Pubertät ist eher eine Quelle von Fehl-Fixierungen»[49].

Derselbe Vorgang wird von Ch. Meves so gefaßt: In der sogenannten ödipalen Phase, etwa im Alter von fünf Jahren, «stanzt sich das Bild von Vater und Mutter in die Seele des Kindes geradezu ein in einer Weise, die seine Einstellung zu sich selbst und späteren Lebenspartnern in einer entscheidenden Weise färben kann. Diese Phase setzt ein, wenn (das Kind) so weit gereift ist, daß es sich selbst als abgehoben von der Umwelt erleben kann. Es unterscheidet sich nun von anderen, stellt sich den Menschen seiner Umgebung gewissermaßen gegenüber . . . In dieser Zeit ändert sich die Rolle der Erzieher für das Kind. Jetzt braucht es, erstmalig bewußt, ein Vorbild, eine Zielvorstellung, zu der hinzuwenden es sich lohnt. Um dieses Vorbild erkennen zu können, ist aber eine vorbereitende Unterscheidung notwendig: das unterscheidende Erkennen der Geschlechter und das Annehmen der eigenen Geschlechtsrolle. Deshalb bekommt die Verschiedenheit der Geschlechter . . . einen so drängenden Charakter und bestimmt die Spielinhalte, Träume und Fragen in diesem Lebensabschnitt. Es wird jetzt von großer Wichtigkeit, bestätigt zu finden: ‹Ich bin ein Junge› bzw. ‹Ich bin ein Mädchen und das ist gut und richtig so›. Denn erst wenn diese Einstellung gelingt, kann das Kind weiter folgern: . . . ‹Dann werde ich ein Mann wie der Vater und heirate eine Frau wie die Mutter› . . . Es ist daher entscheidend für sein weiteres Schicksal und seine Vorbereitung zur Partnerschaft und Ehe, wie das Kind in dieser prägsamen Phase seine Geschlechtsrolle erfährt und wie es Vater und Mutter erlebt»[50].

Wenn nun gemeint wird, es sei förderlich, das Kind anzuhalten, mit den eigenen Genitalorganen zu spielen, oder daß gar Eltern sexuelle

[48] Bernhard Hassenstein: Tierjunges und Menschenkind im Blick der vergleichenden Verhaltensforschung, Schriftenreihe der Bezirksärztekammer Nordwürttemberg, Nr. 17, Stgt. 1970, S. 17. Vgl. dazu auch vom gleichen Autor: Verhaltensbiologie des Kindes, Mch. 1974.
[49] Ebd., S. 23 f.
[50] a.a.O., S. 98 f.

Stimulationen selbst vornehmen, so hat das tiefgreifende Folgen für das Kind. Es kann zum Beispiel dann später in seiner «Einstellung zum anderen Geschlecht durch die unangemessene Verfrühung verunsichert werden, dergestalt, daß es sich zerrissen fühlt zwischen Anziehung und Furcht. Je nachdem, ob unter diesem Konflikt sexuelle Triebimpulse gänzlich verdrängt oder durch die Stimulation verfrüht gesteigert werden, kann es in der Pubertät zu vermehrten Schwierigkeiten kommen. Unter der Dominanz der Angst verstärken sich entweder die psychosomatischen Symptome – Ohnmachten, Straßenangst, Eßphobien sind in diesem Zusammenhang keine Seltenheit –, oder verfrühte sexuelle Kontakte, Promiskuität oder Prostitution bilden die Konsequenz der unharmonischen Entwicklung ... Mädchen pflegen dann zwischen Koketterie oder Genitalangst zu schwanken. Feste Bindungen bleiben oft zeitlebens in Frage gestellt» (ebd.).

Ein Verhalten, wie es sich aus dem reduktionistischen Ansatz von Freud, d. h. genauer: seiner späteren Interpretation ergibt, gefährdet die kindliche Entwicklung tiefgreifend. So können einseitig auf das Geschlechtliche hinorientierte Verhältnisse später Schwierigkeiten hervorrufen: Wenn Knaben durch den fehlenden Vater in die Liebhaberrolle gedrängt werden, mit der Mutter gemeinsam baden oder im Ehebett schlafen müssen, die einseitige Geschlechtsbetonung also dominant wird, kann sich eine starke «Abneigung gegen alles Weibliche» entwickeln. Das führt dann später bei «ambivalenten, überhitzten und dadurch oft auch gleichzeitig ablehnenden Einstellungen zu den Vorbildern ... zu einer verwirrenden Unsicherheit in der eigenen Geschlechtsrolle und damit später zu vielerlei Schwankungen homo- oder heterosexueller Partnerschaftssuche. Da der sexuelle Antrieb keine angemessene Ausrichtung auf ein gegengeschlechtliches Antriebsobjekt in der Kindheit erfuhr, gerät er von der Jugendzeit ab gewissermaßen ins Schleudern. Je nach Temperament und dem Zufall äußerer Begegnung kann sich hier eine Skala von Fehlverhaltensweisen zeigen. Es gibt Menschen, die wie Don Juan in eine Haltung des Suchens und Schweifens geraten – eben weil sie durch ihre Vorerlebnisse von der Angst vor einer zu engen Bindung getrieben wurden. Ihre Sexualität kann in Form der Ersatzbefriedigung ausweichen, und damit kann es zur Manifestation und Perversion aller Art kommen – oder die Sexualität wird weitgehend verdrängt, so daß nur noch die körperliche Begleiterscheinung der Angst als psychosomatische Erkrankung sichtbar bleibt» (ebd., S. 101). Es kann

50

dies aber nicht heißen, daß eine Wahrnehmung etwa des nackten menschlichen Körpers (der Eltern) eine solche Gefährdung darstellen würde.

Die genannten Beispiele zeigen, daß sowohl einseitiges wie überbetontes Eingehen auf den geschlechtlichen Unterschied zwischen den Menschen Schwierigkeiten im späteren Leben nach sich ziehen kann, wenn auch nicht muß. Das gilt allerdings auch für den anderen Fall: daß nämlich aus einer leibfeindlichen puritanischen Einstellung jede kindliche Frage abgewehrt wird und z. B. die Berührung der eigenen Genitalien zu einer (zelotisch-moralischen) Zurechtweisung des Kindes führt. Das kann dann vor allem, wenn ein rigoroser Moralismus weiterhin in der Umgebung des Kindes herrscht, tiefe Depressionen nach Eintritt der Geschlechtsreife zur Folge haben. Aussagen wie: «Wer sich selbst befleckt, ist ein schwerer Sünder» führen leicht zu «ekklesiogenen» Neurosen. «Ich kann Gott nicht mehr vor Augen treten, dann will ich lieber auch nicht mehr leben.» «Ekklesiogen» heißt: von der Kirche ausgehend, «weil solche Erziehung besonders häufig in kirchlichem Rahmen geschieht und sich – wenn auch zu Unrecht – auf die Kirche beruft, d. h. . . . durch eine äußerlich betont fromme, pseudochristliche, in Wahrheit aber unbiblische Beeinflussung in der Vorstellung lebt, Sexualität sei etwas Sündhaftes»[51].

Wenden wir uns dem Bildgehalt des Ödipus- (und Elektra-)Mythos selbst zu, der Freud veranlaßte, die Lernphase von 4–5 bis 7 Jahren mit diesem Namen zu belegen. Sein Beobachtungsmaterial nahm er aus der psychiatrischen Praxis, also von Patienten, die seelisch in ihrer Entwicklung belastet, ja schwer gestört waren. Das Material ist also durch seinen Ursprung eingeschränkt und nicht für die allgemeine kindliche Entwicklung repräsentativ gültig. Die Beobachtungen und Aussagen der Patienten enthielten Bildelemente, die, wenn sie durch den Therapeuten auf einen sinnvollen Zusammenhang bezogen wurden – dieser war für ihn der ausgestaltete Mythos – einen inneren Sinn ergaben. Das dem Ödipus-Geschehen zugrundeliegende psychisch-biologische Substrat kann, wenn es zu komplexer Furcht sich verdichtet, als Kastrationsangst bzw. Penisneid gedeutet werden.

Das Verfahren ist durchsichtig: Bildelemente in Träumen werden durch den Rückgriff auf die tiefen Sinngehalte überlieferter Mythen in

---

[51] Thomas: a.a.O., S. 247.

ein stimmiges, sinnhaftes Ganzes gefügt, und dann wird es in einen Zusammenhang mit der leiblich-psychischen Entwicklung gebracht und als Organprojektion gedeutet. Die Nahtstelle ist das Verständnis des antiken Mythos selbst. So wie er von Freud somatisch interpretiert wird, d. h. ein Vorstellungsinhalt wird auf Leibliches zurückgeführt, kann er ebenso, wahrscheinlich noch berechtigter, auf geistige Wirklichkeiten bezogen werden, wobei allerdings ein Begriff des Geistig-Wesenhaften vorausgesetzt werden muß. Geistige Wirklichkeit hängt mit *Bewußtwerdung* zusammen. Das Bewußtsein, das erwacht, sich erhellt, wird geistiger, ist Geist. Aufhellungen des Bewußtseins, Klarheit, Überschau ging stets auf Kosten des Gefühlten, Geahnten. Der Traum ist stets reicher und tiefer, vielfältiger als die Vorstellung, der Begriff. Erst in der Idee beginnt der Geist einer neuen, reicheren Wirklichkeit teilhaftig zu werden. Im Mythos haben wir nicht Projektionen leiblicher Werdestufen, sondern Erinnerungen menschheitlicher Bewußtwerdung in Bildern. Die Tatsache, daß es sich im Mythos, der in Bildern innere Bewußtseinsgeschehnisse als äußere, quasi sinnliche Abläufe darstellt, um einen Vorgang innerhalb des Erwachsenenbewußtseins – nicht des kindlichen! – handelt, ist vielfach von Sachkennern nachgewiesen worden[52].

So wird von ihnen ausgeführt, wie bereits in frühhellenischen Mysterien die Lehrer ihre Schüler darauf hinweisen, daß sie zur Bewußtseinsentwicklung notwendigerweise die vererbte Verbindung zur eigenen Generationenkette zu durchbrechen hätten, um sich auf sich selbst zu stellen. Dieser Vorgang wurde dann symbolisch ausgedrückt: der sich Entwickelnde, Emanzipierte müßte das Väterliche in sich töten, d. h. den ihn bisher tragenden Seinszusammenhang.

Ödipus ist ein «*Held*», dessen Geburt, wie gezeigt, vom Orakel mit seinem Weisheitsspruch belegt war: er werde den Vater töten und die eigene Mutter ehelichen. Deshalb wird er ausgesetzt. Doch der «Königssohn» geht seinen von den Göttern vorgezeichneten Weg: er wird gefunden, wächst am königlichen Hof von Korinth auf, macht sich selbständig und trifft an dem Kreuzweg, der nach Delphi, dem höchsten Orakel des Apoll führt, seinen Vater, der den Weg versperrt und

---

[52] Literatur hierzu findet sich in dem Kapitel «Traum und Schau – zum Ödipus-Problem» in dem Buche von Friedrich Hiebel: «Die Botschaft von Hellas, Von der griechischen Seele zum christlichen Geist», 2. Aufl. Bern 1963, S. 30 ff.

verächtliche Reden führt. Ödipus streckt ihn nieder – und geht seinen Weg, der ihn zur furchterregenden Gestalt der Sphinx führt. Sie stellt ihm die Rätselfrage, deren Nicht-Beantwortung ihm den Tod bringen würde. Er löst die Frage, die auf die tiefere Natur des Menschen zielt, und erweist sich damit als ein im Geiste Beheimateter. Das Untier stürzt sich daraufhin in den Abgrund und damit in den Tod. Ödipus vermag aus seinem Verstande – er kam von dem Orakel des lichten Gottes, des Beherrschers der Vernunft –, nicht aus irgendeiner Vision zu deuten, daß der Mensch als Kind auf allen Vieren, als Reifer auf zwei Füßen, als Greis mit Stock geht, d. h. er vermag die Zeitgestalt der Biographie und ihren Ertrag zu überschauen.

Der Schüler «durfte sich nicht mehr der unbewußt wirkenden Sippenkollektivität hingeben, er strebte nach Sondersein, so wurde er symbolisch ein ‹Sohn der Witwe› genannt . . . Das drückt die Tatsache aus, daß die Seele eines solchen ihr höheres Wesen suchenden Menschen sich mit dem Volksgeiste verbinden mußte. Der Geist des Volkes war aber die Verbindung mit der mütterlichen Welt».[52] Ein solcher Mensch wurde als *Eingeweihter* stets mit dem Namen seines eigenen Volkes bezeichnet. An die Stelle des überlieferten, sippenhaften Bewußtseins trat ein neues, gänzlich individuell, eigenständig erworbenes. Damit wird in der Antike von einzelnen jener Status des emanzipierten, selbstbewußten Menschen vorweggenommen, der in der Gegenwart den Menschen allgemein zukommt. Das Ödipus-Drama ist ein «Urphänomen des hellenischen Überganges vom Stammesbewußtsein zum Individualbewußtsein» (ebd., S. 33 f.).

Ödipus ist gewissermaßen Bahnbrecher einer neuen Entwicklung, ohne ihn und seine Tat wäre kein Sokrates, Platon, Aristoteles möglich. «Die kritischen Philosophen Griechenlands vor Sokrates, die Vorsokratiker und Sophisten, zerstörten faktisch ihre einheimische mythologische Überlieferung. Ihre neuen Versuche, an die Lösung der Rätsel des Alls und des menschlichen Wesens und Schicksals heranzugehen, entsprachen der Logik der aufkommenden Naturwissenschaften . . . In Indien aber vollzog sich das Gegenteil: Hier hörte Mythologie nie auf, dem philosophischen Denken zu dienen und zum Ausdruck zu verhelfen»[53].

Derselbe Mythos tritt uns, zeitlich viel später, noch einmal entgegen – inhaltlich an die Gestalt des Judas-Ischarioth gebunden, der den Herrn

---

[53] H. Zimmer: Philosophie und Religion Indiens, Zrch. 1961.

verriet. »Ödipus-Judas» ist der Mensch in dem Entwicklungs-Augenblick, als er «bloß noch Mensch ist, nachdem er vorher kindlich-göttlich dem Weltall einverwoben war, dem väterlichen Himmel und der mütterlichen Erde. Einmal löst sich der Mensch . . . reißt er sich, sein Eigenwesen ergreifend, aus dem Himmel heraus und verstrickt sich in das Irdische, er vergißt den ‹Vater in den Himmeln› . . . Die Erde, einst die heilige Mutter, wird zum Schauplatz und Gegenstand der Lust und des Triebes, der Machtgier und Selbstsucht . . . der Intellekt erwacht in ihm, mit dessen Hilfe er die Antwort auf die Sphinx findet. Aber ist nicht gerade der ichhafte Kopf-Verstand die Waffe, mit welcher der Sohn, für die tieferen Daseinsrätsel unwissend geworden, den Vater erschlägt?»[54]

Diese Deutungen, die einiges von der mythischen Tiefe andeuten, ohne sie – was bei Mythen nie gelingt – voll auszuschöpfen, rücken manches Überspannte der Freud'schen Interpretation zurecht und schärfen den Blick für den Mythos überhaupt: jegliche mythische Bildwelt weist auf erhöhte, in diesem Fall abstrahierende, fast über-rationale Bewußtseinsqualitäten, die halbbewußt geahnte Zusammenhänge zugunsten überschaubarer, definiter Begrifflichkeit verdrängen. Das so entstandene «Mehr» an Klarheit wird durch ein «Weniger» an Geborgenheit, d. i.: Verlust, erkauft. Darum die Selbstkasteiung, die sich Ödipus zufügt: er sticht sich die Augen aus, als er übersieht, was sein Werk war. Und macht nicht jeder «Königssohn», jedes Menschenkind in seiner Entwicklung ähnliches durch, indem die seelischen Kräfte den Leib erobern und ihn zum Organ eines neuen Bewußtseins machen, das sich – von Göttern gewollt – zunehmend selbst bestimmt? Erleidet es dabei nicht auch den Schmerz der Blendung, durch das hinzugewonnene Wissen, der durch den bewußter werdenden Verstand, die Intelligenz, in diesem Alter erwächst?

Der Mythos lenkt den Blick auf einen Bewußtseinsvorgang in der

---

[54] Emil Bock: Cäsaren und Apostel, Urchristentum, Stgt. 1958, S. 167. R. Steiner äußert sich zum «Ödipus-Komplex» in: Die Erneuerung der pädagogisch-didaktischen Kunst durch Geisteswissenschaft, GA 301, S. 240 ff., wie folgt: «Es besteht heute die Tendenz, Theorien, die für ein gewisses eingeschränktes Gebiet richtig sind, zu Unrecht als allgemeine Gesetze zusammenzufassen. Die Psychoanalyse ist hierfür ein Schulbeispiel . . . Der Ödipus-Komplex . . . ist etwas sehr Interessantes selbstverständlich und auch sehr gefangennehmend. Der Fehler liegt aber darin, daß man in der dargestellten Erscheinungsreihe nicht den notwendigen Umfang aller anderen Erscheinungen umfaßt, mit denen . . . (er) zusammenhängt.» (Das wird dort ausführlicher belegt.)

Erwachsenenwelt, der größere Klarheit schafft, nicht auf die halbbewußt in der Leibes-Natur schlummernden Trieb- und Gestaltungsgewalten, die träumend das Kind beherrschen. Für jedes Bild oder Symbol ist es kennzeichnend, daß es nicht eindeutig seinen inneren Gehalt aussagt und festlegt. So hat Freud aus seinem reduzierten Ansatz auch den Bildgehalt verkürzt verstanden und interpretiert. Damit geriet die Sexualpädagogik, wie sie von seinen Nachfolgern betrieben wurde, auf einen Holzweg vermeintlicher Befreiung. Dies ist erst zu durchschauen, wenn man den biologisch-psychischen Vorgang der Reifung nach dem vierten Lebensjahr als Lernprozeß und den Ödipus-Mythos in seiner menschheitlichen Entwicklungsbedeutung versteht. Dann kann die Deutung Freuds ein schöpferisches Ärgernis werden, das zu einem einigermaßen dem Kind angemessenen Verhalten des Erziehers zu führen vermag. Davon soll noch kurz gesprochen werden.

5. Pädagogische Aspekte im ersten Jahrsiebent

Tatsächlich stellen Kinder wieder und wieder die Frage nach der Herkunft und nach der Geburt des Menschen, sei es, daß sie aus sich selbst fragen oder sei es, daß die Frage ausgelöst wird im Anblick eines Neugeborenen. Diese wie jede Frage verdient eine klare Antwort, niemals ein Ausweichen oder Verdrängen. In einer Hinsicht sind Kinder entschiedene Realisten – nicht Rationalisten, aber in anderer Hinsicht leben sie weiterhin in magisch-mythischem Bewußtsein, verbunden mit ihrer Umgebung. Darum sollte im Gespräch, das Eltern mit ihren Kindern führen, beides – der Realismus und der Mythos – auftauchen, und zwar gleichzeitig; wobei mit Realismus für uns die mehr sinnenhafte, mit Mythos die geist-reale Seite der Wirklichkeit bezeichnet sei. Urbildlich stellt uns dies die Geburtsgeschichte des Jesus von Nazareth vor Augen, wie sie nach dem Matthäus-Evangelium gegeben wird. Dort wird zuerst ausführlich geschildert, wie durch dreimal 14 Geschlechter der Erbstrom vorbereitet wurde, aus dem dann Jesus hervorgehen soll. Schließlich heißt es dann in Vers 16: «Jakob zeugte den Joseph, den Mann der Maria, aus der Jesus gezeugt wurde, der der Christus genannt wird». Dies ist die realistische, sinnenhafte Seite der menschlichen Herkunft. Dann aber heißt es zwei Verse später: «Als seine Mutter Maria mit Joseph verlobt war, fand es sich, ehe sie zusammengekommen waren, daß sie vom Heiligen Geist schwanger war». Es ist dies wie ein logischer Bruch zum Vorangehenden, das dadurch scheinbar in seinem Gehalt völlig aufgehoben wird und auf dessen Darstellung der Schreiber hätte verzichten können. Der Eindruck des Bruches wird noch verstärkt durch den Bericht, daß Joseph gedachte, Maria zu verlassen, weil sie schwanger war, ehe er sie «erkannte», was dann durch die Traum-Weisung des Engels abgewendet wird[55].

Soll der erste Bericht des Geschlechtsregisters mit dem zweiten der Zeugung durch den Heiligen Geist einen Sinn geben, dann fügt sich das nur, wenn der letzte als die mythisch-geistreale Seite jeder Geburt gesehen wird – unbeschadet weiterer theologischer Tiefenschichten. Das Geistwesen, das sich in die Leiblichkeit hineinbegibt, das sich verkörpert, entstammt einer anderen Sphäre, ist nicht von «dieser Welt». Was bei der Geburt des Gottessohnes gültig ist, gilt auch für jedes Menschenkind. Seiner geistigen Abkunft nach kommt die Individualität aus himmlischen Welten, auf weiten Schwingen. Solange das nicht zusammengesehen wird als einheitlicher Vorgang, der sich von der Leibseite und der Geistseite her gestaltet, wird die Wirklichkeit des Ganzen verfehlt. Sie zu vermitteln, ist die wahre Antwort auf die kindliche Frage, die sich auf die leibliche *und* die geistige Abkunft bezieht.

Und keine Aufklärung kann, ohne diese Doppelheit jeder Geburt zu berücksichtigen, an die Wahrheit und Wirklichkeit des Fortpflanzungsgeschehens rühren – ebensowenig wie eine Aussage über die Mechanik der Begattung etwas von dem sichtbar zu machen vermag, was in der geschlechtlichen Vereinigung durchlebt wird und was sich an menschlicher Beziehung aufbaut.

Hier liegt die wahre Seite des Verborgenen, und sie hat bis heute keine Enthüllung ihres Mysteriencharakters entkleiden können. Das Kind ist den Mysterien in der Wirklichkeit des Erlebens näher als der Erwachsene, es rückt ihnen aber mit erwachendem Bewußtsein auch ferner:

[55] Für ältere Zeiten war die Begattung etwas zum Teil tief unter der Schwelle des Tagesbewußtseins Liegendes, was sich bis in den heutigen Sprachgebrauch im Bei-*Schlaf* gehalten hat, andererseits gibt es – z. B. bei Luther – Vokabeln wie «erkennen» auch dafür; der Vorgang wird wacher verfolgt. Das erste entstammt der alten germanischen, das zweite der jüdischen Überlieferung.

dann entstehen Fragen. So nach der Geburt, der Herkunft des Kindes, nach dem, wie das Kind in den Leib der Mutter hineinkomme. Die Bildsprache des «Überschattens durch den Heiligen Geist» ist mythisch, aber auch die des «Vergleiches mit der Erde und dem Samenkorn» – in diesem Alter «die einzig richtige Lösung»[56]. Denn die kindliche Vorstellung ist noch «prälogisch-emotional». Mythische Bilder besitzen für das Kind Realitätswert. «Einschlägige Beobachtungen zeigen, daß auch in unserer versachlichten Welt noch bis zum 6. und 7. Lebensjahr bei der Mehrheit ein Interesse an Märchen besteht ... Die realistische Vorstellung vom ‹Bauch der Mutter› entspräche kaum dem Realitätsvermögen des Kleinkindes.»[57] Ein mehrfach von seiner Mutter aufgeklärtes Kind legt ein Stück Zucker für den Storch ins Fenster. «Die Aufklärung wurde wiederholt mit dem gleichen negativen Ergebnis. Als die Mutter am 3. Tag einen erneuten Versuch unternahm, unterbrach das Kind sie mit dem wütenden Ausruf: ‹Du lügst›.»[58] Als ein Beispiel bildhafter Art sieht A. Janzig[59] das folgende Beispiel: «Das Glied des Mannes bildet eine Brücke, eine Verbindung zwischen Mann und Frau. Der Mann kann damit der Frau den Samen geben. Dazu führt er das versteifte Glied in ihre Scheide.» Der Bildgehalt scheint doch sehr reduziert zu sein zugunsten des realistisch-nüchternen Gehalts.

Eine Geschlechtserziehung als solche kann es für den Zeitraum der frühen Kindheit nicht geben, sie kann allenfalls Teil der Gesamterziehung sein. Das Kind, das sich gesund entwickeln kann, wird durch eine gesunde Erziehung auch im Hinblick auf die Geschlechtlichkeit erreicht, hierfür bedarf es keiner besonderen Anstrengung. Die Gesamterziehung erfordert eine liebedurchtränkte Geborgenheit, die sich speist aus der Hinwendung zum Kind, das dann durch sein Eigenwesen Glanz und Freude zurückgibt. Dies bedeutet aber auch, daß ein Gleichgewicht gefunden werden muß zwischen dem kindlichen Streben nach Erfahrung, Genuß und der von außen kommenden Versagung. Ohne zu verweichlichen, indem jede Wunschregung erfüllt wird, noch durch

[56] Schenk-Danziger Lotte: Entwicklungspsychologie, Hannover u. a. 1972, S. 114 f.
[57] H. Oestereich: Geschlechtserziehung im ersten Lebensjahrzehnt, Rheinstetten 1974, S. 38 f.
[58] G. Bittner/W. Riebens (Hg.): Psychoanalyse und Erziehung, Mch. 1966, S. 95.
[59] Ganzheitliche Geschlechtserziehung, Mainz 1977.

ständige Verdrängung in Verboten, um den kindlichen Willen abzulähmen, gilt es, ein nachahmenswertes Vorbild zu geben. Handlungen des Erwachsenen müssen einen Sinn in sich tragen, konsequent und anschaubar sein, um die entsprechenden Reifungsvorgänge anzuregen. Das Kind nimmt über die Sinne auf, alles Sinnenhafte setzt sich bis in den Leib und die Gebärden fort. Theoretische Reflexionen und Erklärungen verblassen vor jeder Handlung. Die Zielsetzung des sozialen Verhaltens, darin kann T. Brocher zugestimmt werden, «sollte darin bestehen, ein relativ selbständiges Ich zur Entscheidung zwischen den Forderungen der im Laufe der Entwicklung verinnerlichten moralischen Normen einerseits und den eingeborenen Regungen und Bedürfnissen andererseits zu den verschiedensten Triebbefriedigungen zu befähigen. Es kommt nicht darauf an, dem Kind sexuelles Wissen aufzudrängen, also im schlechten Sinne ‹aufzuklären›»[59a].

Wenn in der frühen Kindheit ein Interesse am Geschlechtlichen vorkommt, etwa in den vielbemühten Doktorspielen, so hat dies eine durchaus verständliche Bedeutung, die mit leichter Hand – ohne Zwang – korrigiert und ins pädagogisch sinnvolle Gespräch einbezogen werden kann. Ist es doch Symptom innerer Reifeprozesse. So erklärt ein fünfjähriges Mädchen nach einem Gespräch mit dem jüngeren Bruder – Ausdruck des «Penisneids» –: «später kaufe ich mir auch so was». Im Gespräch mit der Mutter konnte zwanglos auf die «Rolle» des Mädchens und der Mutter, des Weiblichen aufmerksam gemacht werden, was zu tiefer Befriedigung des eigenen So-Seins führte.

[59a] a.a.O., S. 11 f.

V. Die Schulzeit

1. Entwicklungsphasen

Blicken wir auf den Abschnitt der mittleren Kindheit, also vom Zahnwechsel bis zur Geschlechtsreife: Die Entwicklung in der leiblichen
Gestaltung, die bisher vorwiegend im Bereich des Hauptes lag, verlagert
sich mit der Schulreife nunmehr in die tieferen Regionen des Leibes.
Während das Gehirn sich in seiner inneren Struktur kaum mehr verändert, sondern sich nur noch geringfügig vergrößert, bilden sich nunmehr
insbesondere der Brustraum und die inneren Organe sowie die rhythmischen Verhältnisse von Blut und Atem differenziert aus, gestalten sich
um und reifen, während die Gliedmaßen und die zugehörigen willkürlichen Muskeln dann erst nach der Geschlechtsreife ihre endgültige Ausformung und Kraftentfaltung erfahren. Die Durchgestaltung des Leibes
zwischen Haupt und Gliedern benötigt wiederum eine Zeit von rund
sieben Jahren, die dann mit dem Eintritt der geschlechtlichen Reife
abschließt. Ähnlich wie in der frühen Kindheit beginnen die Gestal-
tungsvorgänge «oben», d. h. im Sprachbereich, der mit der Schulzeit viel
differenzierter gebraucht werden kann, und zieht langsam bis zur
Geschlechtsorganisation, zu den Keimdrüsen herab. Dazwischen liegt
die «Atemreife» (zwischen dem 9. und vollendeten 12. Jahr)[60], wobei der
Brustraum am stärksten durchdrungen wird, so daß das Kind sowohl
seelenvoll als auch am harmonischsten innerhalb seiner leiblichen Entwicklung scheint, es ist dabei noch völlig «geschlechtslos», d. h. vorge-
schlechtlich, androgyn, man kann auch sagen: menschlich; es tritt uns
dabei grazil entgegen.

Dann setzt der *zweite Gestaltwandel* ein, eine Phase der Streckung des
Brustraumes, verbunden mit einem ersten Längenwachstum der Gliedmaßen: es leitet die Vorpubertät ein, die mit dem Beginn der
Geschlechtsreife, d. h. der ersten Regel bei Mädchen, dem Samenerguß
bei Knaben, zwischen dem 13./14. bzw. 15./16. Jahr abschließt und dann
in das Jugendalter (Adoleszenz) überführt. Parallel zur leiblichen

---

[60] Dieser Vorgang wird dargestellt in Hans Müller-Wiedemann: Mitte der
Kindheit, Stgt. 1980².

Gestaltung verlaufen tiefgreifende seelische Veränderungen: eine Steigerung der Intelligenz (Vorstellungsvermögen), des Gedächtnisses, der Empfindungen, der Ausdauer usw., die hier nicht weiter dargestellt werden können.

Die mittlere Kindheit wird durch zwei prägnante Einschnitte im 10. Jahr und im 13. Jahr eingerahmt. Für unsere Fragestellung bedeutet dies, daß die erste Etappe, vom 7. bis 9. Jahr, sich dadurch auszeichnet, daß etwas wie eine Umstülpung des kindlichen Interesses stattfindet. War in der sogenannten ödipalen Phase das Kind durchaus auch am anderen Geschlecht – neben aller sonstigen Hinwendung – interessiert, so wird ihm das andere Geschlecht jetzt mehr oder minder völlig gleichgültig. Es ist, als ob sich dieser Aspekt seines Interesses ganz verflüchtige oder vielleicht verberge. Freud nannte jene Entwicklungsphase darum berechtigt «Latenzzeit». An gemischten Schulklassen kann sie deutlich abgelesen werden. Freundschaften, die geschlossen wurden, umfaßten zunächst unterschiedslos beide Geschlechter, und zwar ohne jede Vorliebe[61].

Nunmehr werden *nach* dem 3. Schuljahr zu Geburtstagen von Jungen nur noch Freunde und von Mädchen Freundinnen eingeladen. Auf die Frage, warum nicht auch bei Jungens Mädchen oder bei Mädchen Jungens mit hinzukommen sollten, wird jeweils über das andere Geschlecht der Gleichaltrigen gesagt: «Die sind mir zu blöde», oder: «die sind ganz lasch» – je nach dem gerade bevorzugten Schülerjargon, der genüßlich übernommen wird, weil er sich von der häuslichen Sprache unterscheidet.

Dieser psychologische Einschnitt verändert das Kind nicht nur zwischenmenschlich, sondern auch gegenüber der Welt, es erlebt sich nunmehr viel stärker auf sich selbst gestellt. Oft treten die ersten Brüche in der ursprünglich harmonischen Beziehung zu den Eltern oder zu den Lehrern auf. Das Erleben des Kindes wandelt sich so, daß die bisherige Einheit, in der es mit Welt und Eltern lebte, zerfällt, die frühe Kindheit geht zu Ende, eine erste Selbständigkeit, die zugleich Trennung bedeutet, erwacht. Eine Grenze, die frühkindliches vom mehr emanzipierten

[61] Obgleich die befragungsfreundlichen Amerikaner über die «Häufigkeit der sexuellen Spiele im Kindesalter» *keine* zuverlässigen Ergebnisse ermitteln konnten, weil sie offenbar fehlen, fiel Kinsey indessen die Häufigkeit heterosexueller Spiele, was Interesse und Neugierde für die Genitalanatomie des anderen Geschlechtes meint, im 9./10. Jahr auf. (Kluge: a.a.O., S. 5).

Erleben der mittleren Kindheit scheidet, ein *Rubikon* (R. Steiner) wird überschritten. Jenseits und diesseits des Flusses herrscht eine gänzlich andere innere Verfassung. Erste Zweifel an der naturgegebenen Autorität von Eltern und Lehrern können auftreten. Ähnliches wie im Verlauf des 10. Lebensjahres geschieht im 12., auch hier eine Trennung und Selbstbezogenheit, die aber mit anderem Vorzeichen sich einem gleichaltrigen Freund öffnet. Diese Freundschaften sind in der Regel gleichgeschlechtlich, erst später, mit der Pubertät, kommt ein stärkeres, oft verkapptes Interesse am anderen Geschlecht zum Vorschein.

Aber zunächst zurück zum vollendeten 9. Jahr: jetzt wird das Verhältnis zu den andersgeschlechtlichen Kameraden zurückhaltend, teilweise leicht distanziert, oft antipathisch, aber auch schon etwas gehemmt, eben: nicht selbstverständlich. Vereinzelt kann dann nach Abschluß der Latenz, also im Zusammenhang mit dem Gang über den Rubikon, wie eine Metamorphose der früher vorangegangenen «Lernphase» auftreten: daß nämlich je nach der Art, wie die Zeit des Kindseins durchlebt wurde, etwas wie ein neutrales, uninteressiertes Verhältnis zum Geschlechtlichen oder eine Art überzogener oder verklemmter Neugier zum Vorschein kommt. Dann wird zu den anderen «gespickt» oder es kommt vor, daß Röcke gehoben, Hosen heruntergezogen werden, auch «versteckte Schaustellungen» stattfinden, «Doktorspiele» im kleinen Kreis usf. Auch das Petzen ist üblich: «Der Franz sagt immer so wüste Wörter» (oder ähnlich). Auf die Nachfrage: «Was für welche?» erfolgt dann meist «eine recht flotte Aufzählung des Vokabulars, der man trotz des anklagenden Untertons das offensichtliche Vergnügen am Aussprechen dieser Worte abspüren kann»[62]. Darin dokumentiert sich ein «verstärktes Sexualinteresse».

Es folgt nach dem Rubikon gegen neun Jahre in der Entwicklung die Zeit der größten Ausgeglichenheit, wo zwar die Gleichaltrigen sich geschlechtsweise voneinander absondern, was die gemeinsamen Spiele und Unternehmungen aber nicht ausschließen muß. Mit Interesse wird auf die andere Gruppe hingeschaut, wenn man sich auch dem anderen gegenüber überlegen dünkt. Der Wuchs, die äußere Gestalt ist bei Knaben und Mädchen sehr ähnlich, ausgeglichen, harmonisch. Ein Hauch des Paradieses haftet den Kindern an, ehe der Sturz in die Geschlechtsdifferenzierung, in den «*Sündenfall*» der Vereinseitigung des Menschseins beginnt.

[62] T. Brocher, a.a.O., S. 35.

Bis in die körperliche Leistungsfähigkeit bestehen zwischen Knaben und Mädchen kaum Unterschiede in der Mitte der Kindheit. Dies ändert sich, zumeist bei Mädchen etwas früher, nach dem vollendeten 12. Lebensjahr. Hier lassen sich nun Umgestaltungen im Bereich der Organisation, die mit dem Geschlechtswesen des Menschen zusammenhängt, beobachten. Es finden nicht nur Wachstumsvorgänge und Reifungsprozesse – etwa in den Eierstöcken wie bei den Keimdrüsen der Knaben – statt, sondern auch die sogenannten sekundären Geschlechtsmerkmale – sie sind in der Wahrnehmung die primären – werden veranlagt und bilden sich aus. Die Scham- und Achselbehaarung, der Bartwuchs beim Knaben, die Verbreiterung der Hüften und der Brüste sowie des runden, subkutanen Fettansatzes bei Mädchen, des betonteren Schulterrings beim Knaben sowie bei beiden der Hinzutritt jener Schweißdrüsen, die eine spezielle Duftnote vermitteln – dies alles erfolgt in einem Reifungsvorgang, der mit der Vorpubertät anhebt und einige Jahre bis zur Vollendung benötigt[63].

Von diesem Augenblick an aber werden sich die Geschlechter in einer anderen Weise als zuvor «interessant», ja anziehend. Oft kann zwischen beiden eine Rüpelei und ein Wortgefecht beobachtet werden, wobei die Mädchen meist intellektuell und rednerisch die gewandteren sind, und innerhalb der Gruppe der Gleichaltrigen, insbesondere bei den Knaben, bildet sich eine meist nicht feine, zotendurchsetzte Sprechweise aus, die im Grunde die Hinneigung zum anderen Geschlecht durch Rauhbeinigkeit und ordinären Ton ebenso verdeckt wie die eigene Verletztlichkeit und Unsicherheit des Verhaltens.

2. Pädagogische Aufgaben

Fragt man nun, was in diesem Lebensalter von der Latenzzeit bis zur Pubertät für die erwachenden Bewußtseinskräfte des Kindes an notwendig Aufklärendem über die menschliche Geschlechtlichkeit, die Zeugung und Geburt vermittelt werden kann, so ist hier den genannten Einschnitten in der kindlichen Entwicklung zu folgen. Während der *Latenz*zeit ist

[63] D. F. Ausubel: Das Jugendalter, Mch. 1974.

ein Kind am Geschlechtlichen zumeist recht uninteressiert. Das ändert sich dann vorübergehend nach dem vollendeten 9. Jahr. Hier läßt sich nun der Blick von der eigenen Leiblichkeit in die Leiblichkeit der Welt, d. i. die Natur, ausweiten. Besteht für das Kind ursprünglich zwischen dem eigenen Sein und der Welt nur wenig Unterschied, so wird jetzt das Verhältnis zur Welt ein geheimnisvolles, in dem geahnt wird, daß zwischen der Welt und der Seele (des Kindes) eine untergründige Beziehung waltet. Sie hellt sich auf, wenn dem Kind etwa davon berichtet wird, wie alles Leben auf Werden, Wachstum und Vergehen aufbaut und wie die Vielfalt der Welterscheinungen und Naturreiche zugleich gipfelt und sich vereinigt im Menschen, dem «Maß aller Dinge», der Krone der Schöpfung. Von dem Menschen ausgehend, läßt sich dann vielleicht in der Bildsprache der Genesis und dem Sechs-Tage-Schöpfungswerk ein Durchgang – dies kann Jahre in Anspruch nehmen und wird in einer richtig verstandenen Schulpädagogik im Naturkundeunterricht auch gepflegt – durch die Naturreiche hindurch unternehmen[64].

So steht etwa die Welt der Fische, der im Wasser lebenden Tiere am Beginn. Hier kann behandelt werden, wie z. B. die Weibchen bei Heringen die Eier (Laich) in unzähligen Mengen ins Wasser ablegen, so daß ganze Wolken davon herumtreiben, und wie dann die Männchen kommen und ihren Samen hinzubringen. Die Befruchtung geschieht also zweigeschlechtlich, aber ganz außerhalb des Organismus, fast pflanzenhaft, wenn auch triebgesteuert, doch begierdelos.

Eine höhere Stufe der Organisation erreichen schon die Reptilien; bei ihnen verlagert sich die Befruchtung in die Leiblichkeit des Muttertieres selbst, der Samen muß durch das männliche Tier in den weiblichen Organismus eingebracht werden. Erst das befruchtete Ei selbst wird nach außen abgelegt und dann von der Wärme des Umkreises, der Sonne, ergriffen und ausgebrütet.

Eine weitere Steigerung stellt demgegenüber das Vogelgeschlecht dar, wo zwar ebenso eine geschlechtliche Vereinigung im Organismus stattfindet, der Samen also in den weiblichen Organismus eingebracht wird, das Ei aber durch erhöhte Eigenwärme in der Brutzeit vom Vogel, dem Weibchen und/oder Männchen noch außerhalb des Leibes im Nestge-

---

[64] So beginnt an der Waldorfschule die Sachkunde, der Gang zu den menschlichen Berufen und Tätigkeiten in der 3. Klasse, dann die Heimatkunde in der 4. Klasse, desgleichen die erste Naturkunde, d. h. vom Menschen ausgehend, zunächst die Betrachtung des Tierreiches durch die folgenden Jahre.

lege ausgebrütet wird. Das Nest wird zu einer erweiterten eigenen Leiblichkeit. – Eine noch höhere Stufe findet sich schließlich bei den Säugetieren, wo nicht nur die Zeugung im Organismus selbst stattfindet, sondern auch die Embryonalentwicklung innerhalb der Eigenwärme des mütterlichen Organismus, im Uterus, geschieht. Die vertiefte, ja fast seelenhafte Bindung, die nunmehr entsteht, offenbaren die ersten Lebenswochen durch die Ernährung des Jungen mit mütterlicher Milch. Und so ist es auch beim Menschen[65].

Neben der «Verinnerlichung» des Embryonalvorgangs werden auch die Beziehungen, die stets durch den Trieb gesteuert sind, seelisch ergriffen, d. h. begierdenvoller. Dies gilt für Säugetier *und* Mensch. Allerdings kann beim Menschen Trieb und Begierde noch gewandelt, überformt werden[65a], indem sich einerseits die Triebstruktur dadurch verändert, daß ihm instinkthafte Steuerungen verloren gehen, was A. Gehlen[66] als *Instinktreduktion* bezeichnet, wodurch der Mensch seiner Ansicht nach zum «Mängelwesen» wird. Andererseits aber vermag er die Begierde durch hingebungsvolle, rein seelische Liebe, die sich auf ein anderes Ich richtet, zu durchwärmen und zu läutern. Über diese erkenntnisleitenden Gesichtspunkte wird später (s. Jugendalter) zu sprechen sein.

Bei diesem Gang durch die Tierwelt kam es darauf an, an der gestaltenden Natur aufzuzeigen, wie Weltweisheit wirkt, und dadurch Kenntnisse auch im Hinblick auf das Geschlechtliche zu vermitteln, die zugleich die Sonderstellung des Menschen herausarbeiten können[67].

Die Erzieher müssen sich bewußt sein, daß das Kind nach dem 9. Jahr

[65] Vgl. zur Biologie der Umweltemanzipation und Hüllenbildung Wolfgang Schad: Säugetiere und Mensch, Stgt. 1971, S. 245 ff. wo besonders die embryologische Sonderstellung des Menschen herausgearbeitet wird. Ders: Das Kind im Sog der Zivilisation, in: Weleda-Almanach, Arlesheim 1978, S. 91 ff.

[65a] Schon Platon berichtet im Symposion, wie der Mensch ursprünglich ein vollkommenes (kugelähnliches) Gebilde war, das die Gottheit durchtrennte. Beide Teile finden erst Ruhe, wenn sie als Mann und Frau Brust an Brust zur Vereinigung gelangen. «Nur der Mensch vollzieht die Begattung in dieser Weise. Bei Tieren ... bespringen die Männchen die Weibchen von hinten. Eine Zukehr der beiden Antlitze findet nicht statt, zum Zeichen, daß hier nur gattungshafte Triebe, keine Beziehungen zwischen Personen am Werke sind.» (Hartmann: a.a.O., S. 41).

[66] Der Mensch – Seine Natur und Stellung in der Welt, 9. Aufl. Frkf. 1971.

[67] Vgl. zum Naturkunde-Unterricht G. Grohmann: Zur ersten Tier- und Pflanzenkunde in der Pädagogik Rudolf Steiners, Stuttgart 1978.

über die Herkunft seiner Existenz vertiefte Fragen hat. Sie vermögen zu antworten, wenn sie sowohl von den äußeren Vorgängen als auch vom Mythos, wie wir es nannten, berichten. Wenn sie insbesondere verdeutlichen können, daß zu jeder geschlechtlichen Vereinigung gerade beim Menschen ein Spezifikum hinzugehört: die Wärme der Beziehung zwischen den Liebenden. Nicht so im Tierreich – wenn auch hier hochkomplizierte, weisheitsvolle Instinkte der Brutpflege und Aufzucht stattfinden. – Es mag in der mittleren Kindheit nach einer ersten Tierkunde-Epoche in der Schule gut sein, wenn Großstadtkinder selbst Tiere halten und zu pflegen haben. Welcher Reichtum des Erlebens entsteht in der Beobachtung der Schützlinge, welche Aufregung und Freude, wenn etwa ein Küken das Vogelei durchpickt . . .

C. G. Jung schildert[68], wie er sich als etwa 10jähriger Knabe auf einen Stein niederläßt und zu denken beginnt, wie die Perspektive «oben und unten» von ihm und vom Stein aus betrachtet, sich unterscheidet. «Diese Frage verwirrte mich jeweils, und ich erhob mich zweifelnd an mir selber und darüber grübelnd, wer jetzt was sei. Das blieb unklar, und meine Unsicherheit war begleitet von einer merkwürdigen und faszinierenden Dunkelheit. Unzweifelhaft aber war die Tatsache, daß dieser Stein in *einer geheimen Beziehung zu mir stand.* Ich konnte stundenlang auf ihm sitzen und war gebannt von dem Rätsel, das er mir aufgab.»

Diese Art, die Welt neu zu entdecken, geht dem Aufkeimen eines veränderten Selbstgefühls parallel, es tritt aus der Geborgenheit in eine existentiell rätselvolle Welt[69]. Durch die Herstellung und Offenbarung der geheimen Bezüge, wie nämlich die Welterscheinungen mit dem Menschen zusammenhängen, wird in diesem Alter pädagogisch gewirkt. Gleichnisse, Vergleiche leisten dabei mehr als die aus dem Rationalismus des Erwachsenen herrührende eindeutige Bestimmung des Tatsächlichen. Gegenüber der definitiven Eindeutigkeit, mit der in Lehrprogrammen sachlich das Kind in der Schule aufgeklärt werden soll, verlangt es aus seiner Seelenhaltung nach den geheimen Beziehungen, die dem Erwachsenen oft abhanden gekommen sind und die er erst wieder bewußt zurückgewinnen muß, will er nicht eindimensional verkümmern. So demonstriert die Natur in vielfältigen Vorgängen, die sich präzis naturwissenschaftlich beschreiben lassen, etwas, was als Vergleich oder Bild anderer Zusammenhänge dienen kann. So beleuchtet die

[68] Erinnerung, Träume, Gedanken, Stgt./Zrch. 1962.
[69] Müller-Wiedemann a.a.O., S. 71.

Umweltemanzipation der einzelnen Organismen die Stellung des Menschen und bettet den ganzen Naturprozeß in einen Weisheitszusammenhang ein, der vom Kind tief mitgefühlt wird. Die Beseelung des Leibes stellt für den Wahrnehmenden bei jeder Geburt einen staunenswerten, geheimnisvollen Vorgang dar. Erfährt er nicht eine tiefere Beleuchtung, wenn er in einen Bezug zu anderen Erscheinungen gesetzt wird? Ist nicht ein ähnlich der Beseelung stattfindender Vorgang zu sehen in der Metamorphose der Raupe, die sich in den Kokon verspinnt und dann als Imago diesen aufbricht und zum Schmetterling wird? Der Schmetterling (griechisch = Psyche), ein im Luftraum, der Wärme und in Duftwelten der Blüten beheimatetes Wesen, entwickelt sich aus der erd- und schwereverbundenen, Dunkelheit und Schutz suchenden Raupe. Ein Seinszustand verwandelt sich in einen völlig anderen: vom langsam, schwerfällig kriechenden zum leicht, farbglänzend und frei schaukelnden. Ist das nicht auch Bild dafür, wie sich die Weite des Seelischen in den Leib begibt, aus dem sie sich mit dem Tode wieder entbindet? Liegt die geheime Beziehung, die die kindliche Seele sucht, nicht in dem sinnstiftenden Gehalt, den die Naturvorgänge, richtig gelesen, in sich tragen? «Es ist notwendig, daß der junge Mensch die Geheimnisse der Natur, die Gesetze des Lebens möglichst nicht in verstandesmäßig nüchternen Begriffen, sondern in Symbolen in sich aufnehme. Gleichnisse für geistige Zusammenhänge müssen so an die Seele herantreten, daß die Gesetzmäßigkeiten des Daseins mehr geahnt und empfunden werden, als in verstandesmäßigen Begriffen erfaßt wird . . . Es ist unendlich wichtig für den Menschen, daß er die Geheimnisse des Daseins in Gleichnissen empfängt, bevor sie in Form von Naturgesetzen usw. ihm vor die Seele treten.»[70] Dadurch nämlich bleibt das Erleben durchlässig für wirkende Tiefenschichten, ohne daß die Präzision und Klarheit begrifflicher Welterfassung eingeschränkt wäre. Gerade in der Geschlechtlichkeit wirken mehr Komponenten, als in den nackten Geschlechtsmerkmalen sich darstellen.

Ein Beispiel für diese Methode gibt R. Steiner selbst. Geschlechtliche Aufklärung ergibt sich, «wenn man den Unterricht nach richtigen pädagogisch-didaktischen Grundsätzen erteilen würde . . . Wenn Sie so vorgehen, daß Sie den Kindern den Wachstumsvorgang im Zusammenhang mit Licht, Luft, Wasser, Erde usw. erklären, dann nimmt das Kind

---

[70] R. Steiner: «Erziehung des Kindes» in: Luzifer-Gnosis, GA 34, S. 331 ff.

solche Begriffe auf, daß sie langsam bei den Pflanzen übergehen können zum Befruchtungsvorgang, und dann bei den Tieren und Menschen. Aber Sie müßten im Großen die Sache betrachten, die Pflanzen entstehen lassen an Licht, Wasser, Erde, kurz, jene Vorstellungen vorbereiten, die überhaupt den komplizierten Wachstums- und Befruchtungsvorgang vorstellungsgemäß beim Kinde veranlagen. Daß so viel geschwätzt wurde über die sexuelle Aufklärung, ist ein Beweis dafür, daß die Methoden des Unterrichts heute nicht in Ordnung sind, sonst würde man die Elemente schon ganz früh geschaffen haben aus solch keuschen, reinen Vorstellungen heraus . . .»[71].

Bevor die Pubertät beginnt, ist es seelisch außerordentlich wichtig für das Kind, daß verständnisvolle Eltern mit ihm schon hingeblickt haben auf all jene Änderungen, die sich leiblich mit ihm vollziehen werden. Daß also einerseits die leiblichen Änderungen besprochen werden und andererseits auch, daß bestimmte Triebe auftreten werden und wie mit diesen umzugehen sei. Dies kann als Problem allerdings erst dann einigermaßen aufgenommen werden, wenn eine entsprechende Wandlung in der biologischen Entwicklung bereits absehbar ist. Sonst läuft nämlich die Aufklärung ins Leere, weil innerlich keinerlei Korrespondenz und auch kein Interesse beim Kind vorhanden ist.

Zu den leiblichen Veränderungen, also den nackten Tatsachen, gehört die Reifung der sogenannten primären Geschlechtlichkeit, d. h. der inneren Organe und des damit verbundenen Hormonhaushaltes, sowie Ausbildung der sekundären Merkmale. Die zeitliche Abfolge ist beim männlichen Jugendlichen so: 1. Wachstumsbeginn von Hoden und Penis, 2. erste noch glatte Schambehaarung, 3. Einsetzen des Stimmbruchs, 4. nächtlicher Samenerguß (Pollution), 5. krauses Schamhaar, 6. Längenwachstum, 7. Behaarung der Achselhöhlen, 8. ausgeprägter Stimmbruch, 9. deutlicher Bartwuchs. Bei Mädchen: 1. Beginnende Vergrößerung der Brustwarzen und der Brüste, 2. Glatte Schamhaare, 3. Längenwachstum, 4. krause Schamhaare, 4. Menarche, 6. Behaarung der Achselhöhlen[72].

Die Entwicklung ist bei Knaben und Mädchen verschieden. Da der Beginn und Abbau der Reifung auch beim einzelnen Kinde sehr ver-

---

[71] In den Seminarbesprechungen vom 3. 9. 1919 (GA 291, S. 132 f.) bezeichnet R. Steiner die «Erziehung des Kindes» (in: Luzifer-Gnosis, GA 34, S. 331 ff.) als «Grundlage der Geschlechtserziehung».
[72] Vgl. Ausubel: a.a.O., S. 107; dort auch eine Fülle psychologischer und biologischer Daten.

schieden ist, stellt sich die Ansprache als ein jeweils individuelles «Programm» dar[73].

[73] Aus einem Buch für Lehrer sei der Lehrstoff des 6. Schuljahres zitiert: (Alfons Beiler: Sexualerziehung vom 1.-10. Schuljahr, Wuppertal 1971, S. 37 ff.) «Wir beschäftigen uns zunächst mit den Geschlechtsorganen des Mannes. Bekannt ist bereits, daß die Jungen ein Glied besitzen zum Wasserlassen. Doch das ist nicht die einzige Aufgabe. Unter dem Glied ist ein Hautbeutel mit zwei pflaumengroßen Drüsen, den Hoden. Sie erzeugen Samenzellen, die durch den Samenleiter wandern und durch das Glied ausgestoßen werden können. Die Hoden sind sehr empfindlich und bedürfen des Schutzes. Unterleibsschläge können sehr gefährlich werden. Vom 11. Lebensjahr an nimmt die laufende Bildung neuer Samenzellen stark zu. Dabei entsteht ein Gefühl hoher Spannung. Sie kann so groß werden, daß der Körper, vor allem in der Nacht, die Samenflüssigkeit unwillkürlich aus dem versteiften Glied von sich gibt. Das ist der sogenannte Samenerguß. Das Glied ist also gleichzeitig Harn- und Samenröhre (Harnsamenröhre).

Bei der Frau liegen die Geschlechtsorgane innerhalb der Leibeshöhle. Unten im Becken befindet sich rechts und links je ein Eierstock. In ihm liegen die etwa stecknadelkopfgroßen Eizellen. Etwa vom 11.-13. Lebensjahr an reift monatlich ein winziges Ei heran, wird vom Eitrichter aufgenommen und wandert durch den Eileiter (15-20 cm lang) hindurch, bis es in ein etwa birnengroßes hohles Gefäß, der sogenannten Gebärmutter (Mutterwiege, wörtlich Tragetasche) ankommt. Ist die Eizelle bis zu diesem Zeitpunkt nicht befruchtet, dann wird die zarte innere Haut der Gebärmutter (Gebärmutterschleimhaut) unter geringen Blutungen zusammen mit dem Ei ausgestoßen. Das geschieht bei den Mädchen manchmal schon mit 11 oder 12 Jahren. Das Blut, das durch den Scheidengang ausgestoßen wird, ist also nicht auf eine Krankheit oder eine innere Verletzung zurückzuführen. Den Vorgang selbst nennt man Menstruation oder Periode; im Volksmund sagt man: die Mädchen oder Frauen haben ‹ihre Tage›. Sie fühlen sich dann meist unwohl. Die Menstruation ist gelegentlich begleitet von Rücken- und Unterleibsschmerzen und von Nervosität . . .» «Wir wollen für die Intimhygiene Details zusammentragen, deren Inhalt jedem Mädchen bekannt sein sollte: 1. Die monatliche Blutung (Menstruation, Periode, Regel) ist keine Krankheit, sondern das Zeichen eines normalen Vorgangs. 2. Achte auf die Regelmäßigkeit des Zyklus und führe einen Menstruationskalender. 3. Unregelmäßigkeiten in den ersten Jahren sind nicht krankhaft. 4. Bei zu häufiger, zu langer oder zu starker Periode sowohl bei sehr starken Beschwerden befrage eine Ärztin! 5. Verrichte deine Arbeiten in gewohnter Weise, aber vermeide besondere körperliche Anstrengungen, schweres Heben und Tragen und größere sportliche Leistungen! 6. Sorge während der Menstruationstage für peinliche Sauberkeit bei der Körperpflege! Wechsle häufig die Vorlagen, damit die Wäsche nicht verunreinigt und der störende Geruch aufgesogen wird! Wasche täglich den ganzen Körper! Vermeide Vollbäder, Schwimmen und Baden! Nach dem Bade Waschläppchen und Schwamm gut säubern! 7. Nütze die ‹kritischen Tage› zu deiner Selbsterziehung und belaste deine Umgebung nicht mit deiner Unpäßlichkeit!»

In diesem Zusammenhang mag auch die Frage der Selbstbefriedigung, Onanie (1. Mos. 38,9), Masturbation (v. lat. manus = Hand, stuprum = Unzucht) oder Ipsation (lat. ipse = selbst) zu erörtern sein. Sie tritt mit der Reifezeit auf, sei es durch Selbstentdeckung, sei es durch Aufklärung von gleichaltrigen Kameraden oder durch geflissentliche Erwachsene, die sich auch immer wieder einstellen. Auch über sie ist «aufzuklären». Um der Selbstbefriedigung entgegenzuwirken, wurde sie durch Erwachsene mit verschiedenen Argumenten bekämpft, moralischen wie hygienischen[74]. Sie ist geschlechtsspezifisch unterschiedlich verbreitet, bei Knaben häufiger als bei Mädchen, was zugleich einen Blick auf die verschiedenartige Äußerung der *Geschlechtlichkeit* (Sexualität) tun läßt: «Zurückhaltender, seelischer beim weiblichen, triebhafter, biologischer beim männlichen Geschlecht, mit erstaunlichen individuellen Unterschieden. Die bezogenen ethischen Positionen wechseln geschichtlich und sind gegenwärtig noch kontrovers, wenn auch abgeklärter. Es gelten folgende psychologischen Gegebenheiten: 1. Es fehlt der Partner. 2. Die Handlung bleibt Ersatzhandlung. 3. Sie ist eine Vereinfachung, da der eigene Wille des Partners fehlt. 4. Nach dem Selbstbefriedigungsakt tritt an die Stelle der sexuellen Erregung das für Ersatzhandlungen charakteristische Gefühl der Leere, das 5. um es los zu werden, zur Wiederholung des Aktes verleiten kann. 6. Die im Vergleich zur normalen Kohabitation verstärkt in Anspruch genommene Vorstellungskraft führt zu dem größeren Mattigkeitsgefühl nach der Selbstbefriedigung. 7. Es besteht die Gefahr, daß es durch dauernde Wiederholung zum Einschleifen von bedingten Reflexen kommt . . .»[75].

Während Comfort empfiehlt: «Ihr sollt das recht oft tun, weil es eine gewisse Vorbereitung auf den künftigen Geschlechtsakt darstellt und ganz natürlich und unschädlich ist – aber sprecht nicht darüber . . .», und auch der Theologe Thomas (a.a.O., S. 77 ff.) dies als Abbau der Selbstmordgefährdung sieht oder D. Faßnacht feststellt: «Onanie ist gleichgültig» (a.a.O., S. 22), so ist unverkennbar, «daß der junge Mensch seinen sexuellen Praktiken wartend gegenüber steht: man schämt sich . . . man erlebt die Selbstbefriedigung als nicht würdig . . . man faßt gute Vorsätze und verwirft sie wieder» – Zeichen dafür, daß der Konflikt

---

[74] Vgl. dazu Dieter Faßnacht: Selbstbefriedigung, Frkf., 2. Aufl. 1973, Schriftenreihe zur Sexualethik 2041, und H. Böttcher: a.a.O., S. 93 ff.
[75] L. Garant, zit. n. Böttcher, S. 98.

dem Wesen des Menschen gemäß ist[76]. «Es gibt keine allgemeine ‹Pädagogik der Selbstbefriedigung›. Vielmehr ist in jedem einzelnen Fall zu fragen, welche Bedeutung die Selbstbefriedigung für den jungen Menschen in einer bestimmten Lebenslage hat und wie er sie selbst deutet. Nur die individualisierende Betrachtungsweise erlaubt eine sinnvolle Beratung . . . Allgemeine Ratschläge für Eltern und professionelle Erzieher sind daher meist von geringem pädagogischen Wert; sie lenken von der individualisierenden Methode ab» (ebd., S. 104). Dem Urteil schließen wir uns an, wobei vor allem verdeutlicht werden kann, daß die Aufbrüche physiologisch und seelisch eine Chaotisierung des Bisherigen bedeuten und den Menschen auffordern: kannst Du es erreichen, in Dir selbst harmonierend, ausgleichend zu wirken? Neben die bisher vor allem von außen wirkende Erziehung tritt die Selbsterziehung, die niemand abnehmen kann, wohl aber ist das helfende Gespräch möglich. Dies bezieht sich auf die Reifezeit selbst.

3. Zuständige Instanzen

Im Zusammenhang mit dem Schulalter sei erneut die Frage gestellt, welche Instanz denn Sexualpädagogik betreiben solle. Die notwendige Intimität kommt aber der Familie eher zu als jeder anderen Einrichtung. «Sexualerziehung kann von keiner anderen Erziehungsinstitution unter den gleichen Bedingungen wie den Eltern übernommen werden, deshalb ist sie von den sekundären Sozialisationsinstanzen (gemeint ist die Schule) nicht nachzuholen, sondern nur entsprechend zu ergänzen.»[77] Da nun aber diese Aufgabe unzureichend oder im überwiegenden Falle gar nicht von den Eltern übernommen wird, fällt sie notwendigerweise der Schule – oder Straße zu. Die Aufgabe des Sexualunterrichts wird heute vor allem darin gesehen, neben der altersgemäßen Wissensvermittlung «das Kind zu befähigen, sich sprachlich neutral, d. h. unter Vermeidung der sogenannten Vulgärbezeichnungen und medizinischen Fachausdrücke, und angemessen auszudrücken und nicht zuletzt menschliche Sexualität zu humanisieren» (ebd., S. 51).

[76] Böttcher: a.a.O., S. 100 f.
[77] Kluge: a.a.O., S. 69.

Gegen diesen immerhin verständlich erscheinenden Ansatz, der eigene Aufgaben schulischer Sexualpädagogik rechtfertigen könnte, wird nun wiederum eingewandt, daß der Erzieher ob seiner mittelständischen Herkunft gehindert ist, sich «gleichberechtigt auf die sprachliche Ebene der Jugendlichen einzulassen». Es sind «objektive Grenzen gesetzt, den vulgär-sprachlichen Ausdruck von proletarischen Jugendlichen in seiner vollen Bedeutung überhaupt zu erfassen ... Dieses Unvermögen erklärt den denunziatorischen Eifer, mit dem die sogenannte Vulgärsprache – als Sprache der Gosse – aus der schulischen Praxis getilgt werden soll.»[78] Daß Erziehung nicht bloße Fixierung des Überlieferten sein kann, also Pflege dessen, was man (als Kind schon) hat, wird dabei übersehen.

Der Mangel einer einheitlichen umgangssprachlichen Bezeichnung für die Geschlechtsorgane ist ein für sich sprechendes Phänomen. Deutet es nicht auf den Bereich des Intimen, der mit der Zeugungsorganisation gegeben ist und offenbar bei jedem Paar, in jeder Familie wieder neue Bezeichnungen und individuelle Benennungen erfordert? Also sprachliche Zeugung stets neu verursacht? Von daher sickern dann Benennungen in die Vulgärsprache ein, so für die Scheide rund 90, für Masturbation ca. 40, entsprechend für Penis usw.[79], aber keine neutral-einheitlichen, außer lateinischen Lehnwörtern oder deren Übersetzung im wissenschaftlichen Sprachgebrauch. Diese Sprache (neutral und emotionell unbesetzt) soll demgemäß in der schulischen Unterweisung verwandt werden; sie wird allerdings nur dann aktiv vom Kind verwendet werden, wenn es seine Sprache wie die elterliche oder die der Kameraden auch ist.

So kam bisher – bei aller Einigkeit der Pädagogen darin, daß die Elternhäuser ihre Aufgabe unzureichend erfüllen – noch kein Auftrag für die Schule zustande, wenn auch inzwischen eine verfassungsrechtliche Absicherung dieses Auftrags erfolgt ist, denn offen bleibt sowohl Art und Umfang[80], als auch vor allem die Methoden, das Wie der Vermittlung[81].

Es ist dies wohl Ausdruck für eine unzulängliche Einsicht in die

---

[78] Günter Amendt: Sprechen und Sexualität, WPB 1975/H. 4, S. 213.
[79] Zahlenangaben nach Brocher: a.a.O., S. 113 ff.
[80] Vgl. hierzu die Synopse der Länderrichtlinien bei Kluge, a.a.O., S. 100 f. und Beiler, a.a.O.
[81] Im Bremer Lehrplan erscheinen folgende Themen für die Primarstufe: Biologische Grundlagen (Sexualität, Fortpflanzung, Geschlechtsdifferenzierung, Sexualtrieb), Sexualorgane (Bau, Funktionen), Verhalten in der Kindheit (Onanie, Sexuelle Spielereien, Verhalten der Kinder u. a.), Begegnung der Geschlechter (Bekanntschaft, Verliebtheit, Freundschaft, Liebe), Probleme sozialen Ver-

kindliche Entwicklung und damit in die Aufnahmefähigkeit und die innere seelische Affinität zum Problem der Sexualität. Eine starke Ausdehnung (Generalisierung) wie auch Systematisierung (im Sinne von Lernziel und Erfolgsprüfung) des Themas ist darum zu beobachten sowie eine durchgängige Verfrühung. Ferner tritt ein Problem auf: was geschieht mit dem Inhalt, wenn er in seiner zarten Qualität zum Lehr- und Lernfach gemacht wird? Entfremdet er sich nicht der Seele? Ein Drittklässler hatte Sexualkunde und mußte hierfür – zur Sicherung des Wissens – die Hausaufgaben erledigen. Eine Tante zu Besuch fragt, wann er fertig sei. Antwort: «Ich muß nur noch meinen Uterus blau anmalen» (auf der Umriß-Zeichnung, die vorgegeben war). Dies zeigt, wie Kinder mit Schulstoff umgehen. Die Frage bleibt: baut sich unterhalb dieser realistischen Welt eine verborgene, intime, vielleicht auch verklemmte, persönliche auf, die dann dualistisch fortlebt: hier Wissen, dort Eigenes? Und wie werden sie zur Übereinstimmung gebracht? Das ist nicht abzusehen[81a].

Wenn hier gegen eine institutionalisierte und formalisierte Sexualpädagogik gesprochen wird, so deshalb, weil wir für Wachheit, Spontanität und Sensibilität des Lehrers gegenüber Fragen der Schüler eintreten. Eine Gegenposition gegen Verfrühung, Systematisierung und gegen Abfragen ist berechtigt, zumal ganz offen bleibt, ob denn der Schüler diesen systematischen «Einbruch der Schule» in seinen Innenbezirk überhaupt wünscht. Bei einer verfrühten Ansprache stellt sich darüber hinaus die Frage, wie Inhalte wirken, für die gar keine innere seelische Korrespondenz vorhanden ist, weil jene Sexualität, die falscherweise als Kontinuum von der Geburt bis zum Tod wirkend angenommen wird, als Qualität erst in der Reifezeit sich bildet. Nicht aus verkappter Repression, sondern aus humaner Absicht soll in der kindlichen Entwicklung nicht systematisch-penetrant, sondern allenfalls beiläufig-unaufdringlich zum Themenkreis Sexualität gesprochen werden. Die

haltens, ferner: Nacktheit (Scham und Prüderie), Körperpflege und Sexualhygiene; Zeugung, Schwangerschaft; falsche Kinderfreunde.
[81a] Die Befürchtung, daß die Sexual- oder Geschlechts*erziehung* zu einem Sexualkunde-*Unterricht* verfälscht wird, besteht fort. Sie äußert Rudolf Affemann: Sexualität im Leben junger Menschen, Frbg. 1978, S. 271. Unterricht vermittelt «sexualkundliches Wissen. Es wird mit dem Bewußtsein des Schülers aufgenommen und mehr oder weniger verarbeitet. Es dringt jedoch nicht in das Unbewußte des Schülers vor. Sexualerziehung versucht demgegenüber die ganze Person zu bilden».

Versachlichung, die die Schule zumeist mit allem, was sie in die Hände nimmt, verursacht, wird nur dann nicht in bloße Ernüchterung führen, wenn der Lehrer Freiheit der Gestaltung hat und selbst nicht unausgesprochene Zielsetzungen mitverfolgt, wie dies oft geschieht. Die sogenannte repressionsfreie Erziehung auf eine lustorientierte Gesellschaft hin – was immer das sein mag – erstrebt, nicht vom Kind her, sondern vom Erwachsenen aus ihre Zielsetzungen[82]. Die zugrundeliegenden Wertungen halten, wie wir schon beim Freud'schen Ansatz sahen, einer kritischen Analyse nicht stand, sie verschleiern ihrerseits die anthropologische Wirklichkeit. Im Unterschied zu anderen Lehrfächern, die das Wissen und die darin entwickelten Fähigkeiten lange über die Schule hinaus entfalten sollten, kann von uns die Aufgabe der schulischen Sexualpädagogik nur in der Zentrierung allein auf das Kind, seine Befindlichkeit, seine Erlebnisse, sein Sein gesehen werden.

Jeder institutionalisierte Unterricht zielt an jener Wirklichkeit, wie sie die besondere Situation erfordert: an der einzigartig gefärbten Stimmung, den individuellen Gegebenheiten der Schüler hier und jetzt, die es zu berücksichtigen gilt, sicherlich oftmals vorbei. Humanität besteht für uns nur dann, wenn die inneren Regungen, die intimen Spannungen und die Last des Wissens und der Ernüchterung abgeschätzt werden, und zwar ganz auf das einzelne Kind bezogen. Das zu leisten obliegt vornehmlich der Familie: Mutter, Vater. Doch deren Können ist höchst fragwürdig, darum kann auch die Schule, nicht institutionalisiert, durch den einzelnen Lehrer, den Gegebenheiten entsprechend, etwas beitragen. Vornehmlich sollte es aber Aufgabe der Schule sein, den Eltern die notwendigen pädagogischen Hilfen zu geben: entwicklungspsychologische Einsichten, nämlich: wann bestimmte Fragen wahrscheinlich eher auftauchen als sonst, wann ein besonderes Interesse für die Fragen der

---

[82] Darum ist dieser Unterricht auch so leicht unwägbaren Manipulationen offen, sei es über die vermeintliche sprachliche Nüchternheit als auch über die vordergründig «wissenschaftlich» gehaltene Darstellung vgl. den manipulierten Zug in dem Tonbandmitschnitt von Unterrichtsstunden bei Horst Haase: Protokoll eines Sexualkunde-Unterrichts in einer 7. Klasse (also 13ährigen) in: WPB, 23/1971, S. 383-394, wo das Thema: «Körperlich-seelische Vorgänge bei sexueller Erregung» dem Schülerinteresse einerseits aufgedrängt wird andererseits seelische Vorgänge völlig im Sprachlosen bleiben und wenn sie besprochen werden, dann stets auf körperlich benennbare reduziert werden. Das Thema Masturbation wird fachmännisch mit Bildmaterial – es wird ob seiner Realistik nicht mit abgedruckt – als «Vorübung zur Ehe» abgehandelt.

Geschlechtlichkeit sich regt, was in der Klasse vorgeht usw. Die einzelnen Kinder werden sich dabei sehr verschieden geben. Durch Berichte und Gespräche auf Elternabenden, z. B. von der 3. Klasse an, kann diese «Elternschulung» ihren sinnvollen Platz im pädagogischen Auftrag der Schule finden. Gleichwohl wird neben der individualisierten Unterweisung auch ein Bereich für die Schule verbleiben, der bereits erörtert wurde. Da Geschlechtlichkeit Teil des Menschseins ist, so trägt umgekehrt die Gesamterziehung zur Geschlechtserziehung bei, und zwar nicht nur der naturwissenschaftliche oder religiöse Unterricht, sondern jeder: Ästhetik ebenso wie Geschichte, Kunsterziehung usf. Denn alles hat in unverwechselbarer Weise einen Beitrag zur Persönlichkeitsbildung zu leisten, wie auch von der Persönlichkeit aus die Triebe beherrscht werden müssen. Eine sich recht verstehende Pädagogik wird aus den Gegebenheiten der Schüler, ihrer Befindlichkeit, aus verständnisvollem Wahrnehmen wie aus Kenntnis der Entwicklungsvorgänge auf Fragen und Probleme antworten und die jeweiligen Bedürfnisse der Klasse ablauschen. Dann wird auch der Lehrer handeln, sprechen, klären, raten, wegweisen können.

So gibt es das Problem der «Kinderfreunde» durch die ganze Schulzeit hindurch und es sollte neben dem Elternhause auch von der Schule thematisiert werden. Das Kind ist in seinem Wesen offen, zutraulich, d. h. wenig mißtrauisch – schöne, unter Erwachsenen oft zu seltene Eigenschaften. Das macht sich der Verführer, deren es genug gibt, zunutze, läßt sich «helfen», weckt Neugier, «verspricht». Zu oft stammen sie aus dem Bekanntenkreis der Eltern; dann finden sich Exhibitionisten weitgespannten Alters, schließlich gibt es Triebtäter, Rohlinge usf. Erzieherische Aufgabe ist es, das Vertrauen des Kindes zu bewahren und ohne überzogenes Mißtrauen doch zu einer gewissen Zurückhaltung und Wachheit, also un-kindlichen Verhaltensweise anzuhalten. Die genaue Ausdeutung und Schilderung, was diese Menschen wollen und warum, ist nicht nötig, um ein Gleichgewicht herzustellen.

Für alle Unterweisung gilt: «Nicht der Inhalt ist dabei das Entscheidende, sondern die sichernde Kontaktbeziehung zum Erzieher, die letztlich die Anerkennung der assimilierten Inhalte bedeutet, also eine Identifizierung mit dem Erwachsenen ermöglicht»[83]. Oder: «Im Prinzip empfiehlt sich ..., nicht aktiv eindringend vorzugehen, sondern in mehreren Fächern ... Inhalte zur Diskussion anzubieten» (ebd., S. 46).

[83] Brocher: a.a.O., S. 87.

Als Erzieher muß man sich die Zeiten der Offenheit, der vertrauensvollen Zuwendung des Kindes zum Erwachsenen immer wieder vergegenwärtigen. Es gilt wohl allgemein, daß sich der Jugendliche aus überlieferten Bindungen herauslöst und sich in die neu in ihm erwachende Innerlichkeit zurückzieht. Er überläßt sich seinen Sehnsüchten und Leiden im eigenen Innern. Er schließt sich seelisch oft gegen Eltern und Lehrer ab, bis er neue Vorbilder findet, die er aber selbst gewählt haben will. Die einzige Bindung, die einigermaßen Bestand hat, ist allenfalls die zu gleichaltrigen Freunden, zu einer Gruppe. Darum wird die elterliche Zuwendung vor der eigentlichen Pubertät am ehesten auf kindliche Resonanz treffen, die nach dem 13. Lebensjahr langsam, oft auch abrupt abnimmt.

Durch die dann folgende Hinwendung zu Gleichaltrigen besteht zugleich eine wirksame Möglichkeit der Beeinflussung des Pubertierenden, denn es werden innerhalb der Gruppe oft die sich von der Erwachsenenwelt absetzenden Verhaltensweisen und Normen weitergegeben, es werden Wertvorstellungen vermittelt, die die «eigenen» zu sein scheinen. Die heutige Kommerzialisierung aller Lebensbereiche hat auch diese Einflüsse entdeckt und für eigene Beeinflussung erschlossen[84].

Auf diese Weise macht sich heute ein bestimmtes wirtschaftliches Verwertungsinteresse die Tatsache zunutze, die Eltern von Kindern in diesem Alter kennen müssen: die «natürliche» Unzulänglichkeit der kindlichen Seele gegenüber den überkommenen Bindungen, allerdings auch die Empfänglichkeit für Ratschläge Gleichaltriger und was solches zu sein vorgibt. Darum sind notwendige Wertsetzungen schon vor Eintritt der Geschlechtsreife zu veranlagen und zu vermitteln. Wichtig ist in jedem Fall, daß Fragen, die das Kind stellt, stets beantwortet werden und daß Eltern sich auch verständnisvoll in die Situation des eigenen Kindes zu versetzen vermögen und an seinem Leben Interesse haben, es mitleben. Damit gelangen wir zum eigentlichen Jugendalter, das mit der Pubertät anhebt.

[84] So wurde in einem filmischen Machwerk, das sich zunächst mehr an Erwachsene als Jugendliche zu wenden schien – dem «Schulmädchenreport» – im Gewande der Wissenschaftlichkeit suggeriert, was abweichend etwa von Vorstellungen der Eltern und der bisherigen Kultur das Richtige ist, nämlich mit Eintritt der Geschlechtsreife der notwendige Verkehr zur Triebentlastung. Unter «Gleichaltrigen», die im Film vorgeführt werden, wird ein Mädchen, das noch nicht «erfolgreich» war, diskreditiert.

VI. Jugendalter

1. Pubertät

Bei der Pubertät handelt es sich um einen Reifungsabschnitt, der sich über mehrere Jahre erstreckt, im engeren zumeist die Jahre von 13-16 umfassend, wobei Mädchen in der Regel diese Entwicklung sowohl früher beginnen als auch abschließen. Eine gewisse Rauhbeinigkeit bei Knaben, Kokettheit bei Mädchen ist ein äußerliches Kennzeichen des Verhaltens in dieser Phase. Ungeschickt, steif, zum Teil übersteuert und darum leicht verkrampft, dann wieder lasch, unbeholfen, treten die Knaben auf; kichernd und albern oft die Mädchen (Backfisch und Lümmel).

Danach folgt in einem gleitenden Übergang eine sehr idealisch gestimmte Zeit, bis gegen das 18. Jahr hin – sie liegt weniger zutage –, die durch «innere» Suche in sehr umfassendem Sinn gekennzeichnet wird, die Suche nach dem eigenen Helden, dem man nachstreben kann; das Streben, eigenständig die Welt zu verstehen, d. h. Aufbau einer persönlichen Weltanschauung, das Ringen um Ideale und Religion[85].

In diesem Alter ist nun durchaus gegenüber der Geschlechtlichkeit, die jetzt funktionsreif geworden ist, eine weitere Stufe der Ansprache möglich. Dazu müssen aber psychologische und soziologische Grundlagenkenntnisse der Geschlechtlichkeit beim Erzieher vorhanden sein.

Die Hinwendung zum anderen Geschlecht bleibt oft unausgesprochen und im Verhalten versteckt, wird allerdings bei Mädchen auch durch eine gewisse Forschheit überspielt. Die Träume und Sehnsüchte nach Geborgenheit, nach Freundschaft und Liebe, zunächst vielleicht nur im Innern erlebt, deuten darauf hin, daß der Mensch als «Gattungswesen», also in seiner geschlechtlichen Ausformung nach Mann oder Frau, jeweils eine Vereinseitigung darstellt. Dies erfühlt jeder innerlich, darum die halbbewußte Suche nach jenem «Teil», der einem selbst zu fehlen

[85] Vgl. zur psychologischen Situation des Jugendalters z. B. Charlotte Bühler: Das Seelenleben des Jugendlichen, 6. Aufl. Stgt. 1967; Wolfgang Fischer: Der junge Mensch, Frbg. 1966; zur physiologischen und soziologischen: D. F. Ausubel: a.a.O.

scheint und wohl der Ergänzung bedarf, wenn das volle Menschsein erreicht werden soll.

Man hat sich hierbei nachdrücklich zu vergegenwärtigen, daß die Geschlechtsreife nur Teil eines viel umfassenderen Reifungsvorgangs ist: so wachsen jetzt z. B. die Glieder zu ihrer endgültigen Länge aus, beim Mädchen verbreitert sich das Becken, beim Knaben der Schultergürtel, danach erst reift die Skelettmuskulatur, welche die Glieder bewegt, zur höchsten Kraftentfaltung des Lebens heran (gegen das 18.–20. Jahr). Dieser körperlichen Reifung entspricht nun, daß – psychologisch – der Jugendliche seiner veränderten Leiblichkeit zunächst wie entfremdet gegenübersteht. Die Glieder werden nicht nur lang, sondern durch die zunehmende Verknöcherung auch *schwer*, wobei diese Schwere nicht gleichzeitig durch entsprechend wachsende Muskelkraft beherrscht werden kann, weil die Reifung dieses Systems erst verzögert einsetzt. Das Erlebnis einer Spaltung oder Trennung gegenüber der bisherigen Vertrautheit des Leibes und damit auch der Umwelt schlechthin breitet sich aus. Jedes Gefühl der Sicherheit und Geborgenheit verfliegt, stattdessen herrscht jetzt oft Verlassenheit, Einsamkeit, innerer Sturm wechselnder Gefühle, Lebensunlust, ja Todessehnsucht in der Seele vor, in jedem Fall aber auch Schmerz. All dies wird dadurch bewirkt, daß der zuvor genannte Seelenleib (s. IV., 1) sich verselbständigt, autonom wird, ohne schon voll durch das eigene Ich beherrscht werden zu können. «Nun ist dasjenige, was sich gerade im Lebensalter zwischen dem 15., 16. und 20., 21 Jahre im jungen Menschen entwickelt, nicht ganz unähnlich dem Schmerz. Dieses Sich-Hineinarbeiten in die Wirksamkeit des freiwerdenden astralischen, d. h. seelischen Leibes im physischen Leib, ist eigentlich ein fortwährendes Durchmachen von leichten Schmerzen. Das, was man da spürt, das regt einen sofort an, sich mit sich selbst zu beschäftigen . . .»[86]. Das ist der Grund für die vorherrschende Introversion, die – lebt der Jugendliche in stark ungleichaltriger Gemeinschaft – leicht in Exaltation umschlagen kann. Das ursprünglichste Erleben dieser Trennung von «Subjektivem», der eigenen Gefühlswelt also, und dem «Objektiven», der eigenen Leiblichkeit sowie der umgebenden Welt, seien es Eltern, seien es Lehrer oder soziale wie natürliche Welterscheinungen, läßt neben dem Schmerz zahlreiche ungeordnete Rätselfragen in der Seele aufklingen. Das heißt, ihnen gegenüber ist keine

[86] R. Steiner: Erziehungsfragen im Reifealter, in: Erziehung und Unterricht aus Menschenerkenntnis, GA 302 a, Vortrag 21. 6. 1922.

Stellung bezogen – es fehlt noch das Urteil, nicht aber das Vermögen hierfür. Dazu gehört als ein ganz spezieller Bezug wohl auch die Frage nach dem Wesen des anderen Geschlechts sowie die Sehnsucht und Hoffnung, in ihm das zu finden, was einem selbst fehlt: das Gleichgewicht, Liebe, Vertrauen, Hinwendung, Zärtlichkeit, Sympathie.

Mit dieser Andeutung des umfassenderen Zusammenhanges aller jugendlichen Reifungsvorgänge soll uns nun allein der spezielle Aspekt der geschlechtlichen Reifung und ihre menschliche Bedeutung weiter beschäftigen. Er stellt an den Jugendlichen besondere Anforderungen, zumal es dem Menschen als einzigem Wesen in den Naturreichen möglich ist, die Begattung von ihrem Naturzweck im Dienste der Fortpflanzung abzulösen. Damit aber rücken auch die Fragen der Bewertung, der Einstellung und der sittlich-moralischen Verantwortung in das Blickfeld. Nur darum kann sich die Frage nach einer Sexualpädagogik als Teil der allgemeinen Pädagogik stellen.

2. Anthropologie der Geschlechtlichkeit

a) Begehren

Zunächst seien einige Anmerkungen über den anthropologischen Charakter der Fortpflanzungsfähigkeit gemacht. Der stofflich-physische Leib ist von Lebens- und zugleich Gestaltungskräften durchzogen. Kein Stoff, aus dem er sich konstituiert, behält in ihm seine eigene Struktur, die er in der Natur hat, sondern der «Organismus» selbst überformt ihn und stellt ihn in den Dienst seiner Aufgaben und Funktionen. Die unsichtbare, nur in den Wirkungen erfahrbare *Lebensleiblichkeit*, die eine Stoffmenge zu einem organischen Gefüge macht, ist es, die Wachstum und Fortpflanzung (Reproduktion) und Erhaltung biologisch bewirkt, d. h. sie bestimmt auch Anfang und Ende, die Zeitgestalt. In Hormonen und Drüsentätigkeit findet der Lebensleib seinen stofflich-chemischen bzw. organischen Ausdruck. In dem Augenblick, wo dieses funktionelle Gefüge des Lebensleibes vor allem im Kopfsystem reif, d. h. funktionsfähig und damit «geboren» wird, steht diese «Kraft» für vorstellende Tätigkeit und Intelligenzleistungen zur Verfügung; sie wird nicht mehr nur organisch-vegetativ genutzt, bedarf aber noch rund eines Jahrsiebtes, um den übrigen Organismus so weit durchzuformen und zu entwickeln, daß er für die Fortpflanzung der Art, der Gattung befähigt wird. Erst dann ist die leibliche Reifung – bis in den Bereich der Geschlechtsorgane – tatsächlich abgeschlossen. Einzig der Bereich der Gliedmaßen wächst und reift dann noch weiter, wobei neue Funktionsbezirke erschlossen werden, die das Ich noch umfänglicher bis zur Werktätigkeit ermächtigen (Vgl. S. 43 ff. u. 101 ff.).

Zugleich ist aber mit dieser Durchgestaltung des Lebensleibes und seiner Kräfte ein weiterer Reifungsprozeß verbunden, nämlich einerseits der des nach außen gerichteten Weltverstehens und andererseits der der inneren Durchseelung. Was zuvor leiblich gereift ist, wird jetzt mit stärksten Gefühlen durchsetzt. Dem Menschen steht, was an seelischen Empfindungen vor der Geschlechtsreife stark leibgebunden auftrat, nunmehr als freie, ja leidenschaftliche, affektive, emotionelle Fähigkeit zur Verfügung, die ihm ermöglicht, sich in ein ganz persönliches Verhältnis zu den Welterscheinungen zu setzen. Betrachtet man dieses Gefühlhafte im Vorstellungsleben, nimmt sich das so aus: Wo ein Subjekt sich im Verhältnis zu den Weltobjekten bestimmt, spricht man von *Urteil*. Es ist die persönliche *Urteilsfähigkeit*, die mit dieser Reife – wir können auch sagen: der Geburt des Seelenleibes – zunehmend den Erkenntnisvorgang und das Vorstellungsleben durchdringt. Zugleich drängt aber in einer noch anderen Schicht des menschlichen Innern dieselbe, nur tiefer sitzende Kraft: die des *Begehrens*. Auch das Begehren ist wie der Vorgang – nicht der Inhalt – des Urteilens von seelisch-gefühlhafter Qualität: es ist die Richtung auf etwas zu, besitzen-wollend, vereinnahmend, ohne es zu haben. Die Kraft des Urteilens stiftet subjektive Beziehungen, sie bemächtigt sich der Erkenntnisinhalte und vermag sich an ihnen zu klären. Ebenso vermag die Kraft des Begehrens sich mit den aus den Lebensprozessen stammenden Trieben des Leibes zu verbinden: sie steigert sich dann zur Begierde. Aus der Lebensgrundstimmung ungerichteter allgemeiner Triebhaftigkeit (Lebensleib) gestaltet sich die deutliche Richtung der Begierde (Seelenleib) heraus. Sie ist anfänglich auch noch sehr allgemein, gattungshaft auf das andere Geschlecht gerichtet, bis sich auch hierin eine stärker personbezogene, auf ein Du hingerichtete Tendenz ergibt: Ankündigung des eigenen, sich kräftigenden Ich.

Wo der Paarungstrieb in der Natur erscheint, hat man es mit dem

Ausdruck des Gattungshaften und den Lebensvorgängen, die der Erhaltung der Art dienen, zu tun. Der Lebensleib nämlich, als Träger der organischen Vorgänge der Fortpflanzung, gestaltet schon im Pflanzenreich die keusche begierdenlose Vermehrung: Tritt dagegen die Qualität der inneren Erregbarkeit, der Reizbarkeit, der Lust, der Spannung und Entspannung des Begierdenhaften auf, so erfahren die vegetativen Vorgänge eine Umgestaltung zum Affektiv-Emotionalen, mit dem sie sich durchsetzen: der Blitzstrahl des Seelenhaften schlägt in sie ein. Der Trieb drängt zur Paarung, die Begierde strebt nach (seelischer) Erfüllung. Tier- und Menschenreich sind sich darin zunächst sehr ähnlich, unterscheiden sich allerdings darin, daß im Tierreich die Geschlechtlichkeit stets und ausschließlich dem Gattungszweck: der Arterhaltung dient, während der Mensch die Begierdenbefriedigung vom Gattungszweck abzukoppeln vermag – durch Empfängnisverhütung. Dadurch wird dann die geschlechtliche Vereinigung «zu einer autonomen Lustquelle», d. h. zu einem seelischen Zweck, der in sich selbst besteht und durch die Leiblichkeit Erfüllung findet. Dies aber verdeckt eigentlich mehr, als es klärt. Denn beim Menschen hat noch eine weitere Kraft die Möglichkeit, in diesen Vorgang einzugreifen. Zunächst haben viele Kulturen die Bereiche Eros, Fortpflanzung, wirtschaftliche Versorgung nicht getrennt – allenfalls für den Mann. «Aus tiefliegenden anatomisch-physiologischen Ursachen drängt die Sexualität des Mannes nach Entspannung, Entladung, ‹Detumeszens›. Rasch, wie die Spannung wächst, so rasch kommt der Mann zu Ruhe . . . Ebenso ist es auch bei . . . Säugetieren: Das Weibchen wird in die Enge getrieben, überwältigt . . . Für Liebesspiele, werbende Erotik, seelische Zuneigung ist angesichts der männlichen Triebgewalt keine Zeit . . . Alles dient der Fortpflanzung, ist unpersönliche Sexualität, nicht personhafter Eros – und eben darin Gottesdienst.»[86a] Das eigentlich Menschliche, das Person- oder Ichhafte vermag sich in den Bereich der Geschlechtlichkeit einzusenken. Der Mensch lebt mit und durch einen «sexuellen Antriebsüberschuß» (Gehlen), den er niemals ganz in der Sexualität ausleben kann. Geschlechtlichkeit tritt daher stets zugleich menschliche Beziehungen stiftend auf. «Darum sind andere als biologische Steuerungsinstanzen beim Menschen notwendig, der Trieb wie die Begierde wird deshalb seit jeher einer kulturellen Führung unterliegen, insbesondere alle menschlichen Trieb-

---

[86a] Hartmann: a.a.O., S. 12 f.

energien, die auf ein Handeln unter mehreren Individuen zielen: die kulturelle Überformung der sexuellen Antriebe gehört sicherlich ebenso zu den ursprünglichen Kulturleistungen und Existenzerfordernissen des Menschen wie Werkzeug und Sprache, ja, es spricht nichts dagegen, in dieser Regelung der Geschlechts- und Fortpflanzungsbeziehungen des Menschen die primäre Sozialform alles menschlichen Verhaltens zu erblicken.

Die Leistungen des kulturellen Überbaus von Sozialformen gegenüber der ... sexuellen Antriebsstruktur des Menschen gehen in zweierlei Richtungen: zunächst bedeutet die soziale Regelung der Geschlechtsbeziehungen eine Kontrolle und Zucht vor biologischer Zweckmäßigkeit ... Weiterhin bewirkt der kulturelle Überbau die Ablenkung der im Geschlechtsverhalten nicht unterzubringenden Energien auf nichtsexuelle oder pseudosexuelle Ziele.»[87]

Was einerseits durch die sexuelle Plastizität die Antriebe, die aus den Lebenskräften erwachsen, an Umgestaltung erfahren, erhält andererseits aus den Kräften des Begehrens eine lustvolle Überformung, wobei diese ihren Sinn in sich selbst zu finden und sich vom biologischen Ursprung zu lösen vermögen, was aber niemals ganz gelingen sollte. Denn in der Lust begegnen sich Partner, Menschen mit unverwechselbarem Wesenskern. Die Beziehungen zwischen ihnen müssen ihnen gemäß sein, menschlich gestaltet, weil sie vor dem eigenen wie dem anderen Wesen personal verantwortet werden, sollen sie gerechtfertigt sein. Damit ist die Verantwortung der Person, ja des Ich, des inneren Wesens mit herausgefordert. Nur der Mensch vermag diese Verantwortung wahrzunehmen, er muß es jedoch nicht. «Er allein unterscheidet, wählet und richtet, er allein kann dem Augenblick Dauer verleihen». Er ist frei. Damit aber wird das Verhalten gegenüber dem Geschlechtlichen nicht nur zu einer Frage des Auslebens der Triebe, der Triebabfuhr, sondern auch der moralischen Gestaltung und sittlich-persönlichen Verantwortung. Das menschliche Wesen wird nicht nur aus Leib, Leben und Begierde konstituiert, sondern auch aus der Kraft des Ich und dessen Verantwortlichkeit.

[87] Schelsky: a.a.O., S. 13 f. Ähnlich V. Packard: Sexuelle Verwirrung, Mch. 1972, S. 347 ff., der sich auf J. D. Unwin, C. C. Zimmermann, O. H. Mowrer u. a. stützt, wo die Faszination der Samoaner für Westler zerstört wird: «Die Leute von Samoa brauchen nicht das zweite Jahrzehnt, um ihre Kultur und Technologie zu erwerben.»

Ähnlich differenziert wird dieser Gedanke andernorts ausgesprochen: «Das sexuelle Verlangen, das im Gestimmtsein liegt, wendet sich ... an etwas einem selbst Gleiches und Ebenbürtiges, nicht an ein lebloses Gegenüber. Es wird nicht nach Essen und Trinken verlangt, sondern nach einem Menschen.»[88] Dadurch, daß der Mensch über eine Wesensidentität verfügt, sie zumindest als Möglichkeit in sich hat, unterliegen alle biologischen wie seelischen Abläufe dieser höheren Instanz, dem eigenen Ich. Solange dies noch nicht reif, d. h. «geboren» und anwesend ist, kommt es zu jener merkwürdigen Zwiespältigkeit, die das Jugendalter durchzieht und von den Erwachsenen kritisch, oft befremdend wahrgenommen wird. Es fällt die «Weite und Uneingeschränktheit» sowie ein hohes «Maß an Einfühlung und Verständnis» auf, andererseits aber auch, daß die beträchtliche «Verstandesleistung mit dem Verhalten des Jugendlichen selbst wenig oder gar nichts zu tun hat. Eine Einfühlung in fremdes Seelenleben hält ihn von den gröbsten Rücksichtslosigkeiten ... nicht ab ... (Die) Liebesbeziehungen sind während ihrer Dauer oft stürmisch und ausschließlich, aber ihre Dauer ist kurz. Die einmal gewählten Objekte werden ohne Rücksicht auf die Gefühle des Partners wieder verlassen und gegen andere eingetauscht. Die verlassenen Objekte werden schnell und völlig vergessen ...»[89].

Der von A. Freud geschilderte Tatbestand (im allgemeinen scharf beschrieben, im Hinblick auf die «Liebesbeziehungen» nur einen Teil der Jugendlichen betreffend) verdeutlicht, wie zwar Gefühle aufbrechen und auch die Urteilsfähigkeit sich betätigt, daß aber die Ordnung aus der Wesensidentität noch lahmt, unreif ist. Denn erst wo Erkenntnisse auch das eigene Handeln bestimmen und diese wiederum auf die eigene Geschichte, d. h. die Dauer des eigenen Seins bezogen werden, tritt die menschliche Lebensreife ein. Erst dann ist das eigene Ich verantwortlich dafür, was geschieht. Freilich bleiben von diesem Endziel her die früher ausgereiften Leistungen mit bestimmt[90].

[88] H. Giese (Hg.): Psychopathologie der Sexualität, Stgt. 1962, S. 242.
[89] A. Freud: a.a.O., S. 131. Wir folgen der Schilderung, nicht der Deutung.
[90] «Die Psychologen haben lange Zeit von primären oder angeborenen Trieben gesprochen, die organbestimmt sind und von sekundären oder erworbenen Trieben, die als Produkt der Erfahrung entwickelt werden. Diese Unterscheidung ist tatsächlich überflüssig, denn ... alle Triebe sind das Ergebnis der Erfahrung. Die Vorstellung, daß von Geburt an fertige und vorgeformte Triebe existieren, die in der Lage sind, ein bestimmtes Verhalten in Gang zu setzen, ist ein Überbleibsel der hippokratischen Psychologie. Sie wurde bis ins Extrem

b) Männlich-Weibliches in der menschlichen Natur

Wenn mit Eintritt der Geschlechtsreife das ursprünglich vorgeschlechtliche Wesen sich zum Gattungshaften vereinseitigt, also in die Zweigeschlechtlichkeit hineinkommt, ist die *höchste Reife der Lebensvorgänge* erreicht, während das Begierdenhafte zugleich etwas übergeschlechtliches, d. h. die Geschlechter Verbindendes, etwas ihnen Gemeinsames darstellt. Es ist das ausgereifte Lebensprinzip, dem offenkundig eine merkwürdige Doppelheit eigen ist; es hat nämlich ein hermaphroditisches Antlitz: männlich-weiblich oder weiblich-männlich zugleich. Bei jedem Menschen zeigt sich eine zweigeschlechtliche Natur, die den Mann sowohl mit weiblichen Eigenschaften als auch die Frau mit männlichen Eigenschaften erscheinen läßt. Das sei systematisch vergegenwärtigt. Nach dem Zahnwechsel lösen sich, wie schon dargestellt (S. 78 f.), die den physischen Leib, d. h. insbesondere das Nervensystem gestaltenden *Lebensbildekräfte* aus den ausgestalteten reifen Organen heraus, ist doch nunmehr allein deren Erhalt, nicht aber der gestaltende Aufbau zu besorgen. Diese Kräfte werden aus der biologischen Aufgabe entlassen und sind darum in gesteigertem Maße als Vorstellungskräfte oder Intelligenz verfügbar («Geburt des Lebensleibes»). Der *Lebensleib* ist es aber, auf den alle Erziehung nach dem Zahnwechsel einwirkt. Wenn in der frühen Kindheit alle Eindrücke bis in die *physische Leibgestaltung* fortwirken, so wird der *Ertrag* aller frei gebildeten Vorstellungen, aller Lernvorgänge mit dem Lebensleib insofern verbunden sein, als sich dementsprechend das gesamte Lebensgefüge verändert und bereichert.

Die Lernleistungen, d. h. deren Ergebnisse, prägen sich als Gehalt, als «Erfahrung» dem Lebensleib selbst wiederum ein. Er bildet damit ein sich selbst belehrendes, wachstümliches «System» geistiger Wirksamkeit. Dabei wirken einerseits leiblich-physische Dispositionen wie persönliche und auch Gattungserfahrungen auf dieses System (Ätherleib) ein. «Die Umbildung und das Wachstum des Ätherleibes (durch alles Lernen und durch jegliche Erziehung, S. L.) bedeutet Umbildung beziehungsweise Entwicklung der Neigungen (1), Gewohnheiten (2), des

ausgebaut von psychoanalytischen Theoretikern . . . Weniger unhaltbare Annahmen sind erforderlich, um zu postulieren, daß der Mensch weder mit Trieben noch mit Emotionen geboren wird, sondern mit Fähigkeiten, beide zu entwickeln. Es gibt kein Vorratslager, in dem Triebe vor der Geburt aufbewahrt werden.» Ausubel: a.a.O., S. 143.

Gewissens (3), des Charakters (4), des Gedächtnisses (5), der Temperamente (6).»[91] Durch *sechs Eigenschaften* wird in dem Zitat der zugewachsene Lebensgehalt umschrieben, die später genauer zu betrachten sind. Was unter dem Gesamtbegriff Lebens- oder Ätherleib gefaßt wird, läßt sich somit, um die Erkenntnis zu schärfen, unter drei Aspekten betrachten:

1. Der *biologische Aspekt* beschreibt die Erscheinungen des Wachstums, der Fortpflanzung, die innere Bewegung der Säfte und Stoffe, die Organgestaltung, die Reifung; demnach ist hier der Ätherleib «Erbauer und Bildner des physischen Leibes, dessen Bewohner und Architekt. Man kann daher den physischen Leib ein Abbild oder einen Ausdruck dieses Leibes nennen»[92]. Dem Ätherleib eignet die artbildende Kraft, die den Leib zum menschlichen, aber auch zum weiblichen oder männlichen werden läßt.

2. Der *Lernaspekt*: mit der Organreife des Gehirns wandeln sich die schaffenden Kräfte natürlicher Intelligenz in solche freier Vorstellungsfähigkeit, die das Wesen des Menschen, sein Ich, zum zielgerichteten Lernen befähigen. Schon früher vermag auch die Umwelt durch Normen, Befehle, Gewohnheiten, Rituale usw. den Lernvorgang zu beeinflussen und zu gestalten.

3. Der *Aspekt des Lebensertrages*: was erlernt, erfahren wurde, bildet eine nahezu «leibhaftige» Grundstruktur der Persönlichkeit, es ist dies ihre dauernde Zeitgestalt, die sich mit dem geistigen Wachstum und dem «Gehalt» wandelt: Neigung, Temperament, Gedächtnis, Charakter u. a. sind deren Kennzeichen. Diese Grundstruktur wird unmittelbar beeinflußt durch «die Versenkung in die Werke der Kunst ... Indem der Mensch durch das Kunstwerk die Ahnung eines Höheren, Edleren erhält als das ist, was die Sinnesumgebung darbietet, gestaltet er seinen Lebensleib um» (ebd., S. 318).

Die Geschlechtlichkeit ist entsprechend diesen verschiedenen Aspekten des Lebensleibes auch differenziert zu sehen. Die *biologischen* Prozesse des Lebensleibes haben ihr Korrelat im Hormonhaushalt und der Drüsentätigkeit, wobei zwischen Mann und Frau sehr wohl spezifische Unterschiede bestehen: das Testosteron (zu den Androgenen gehörig) muß wirksam werden, wenn Bartwuchs, Stimmbruch und Spermatoge-

---

[91] R. Steiner: Erziehung des Kindes, GA 34, S. 329 (Numerierung hinzugefügt, S. L.).
[92] a.a.O., S. 315.

nese auftreten sollen, es regt das Wachstum der Muskeln an und fördert die Eiweißsynthese; demgegenüber spielen die Östrogene beim Wachstum der Uterusmuskulatur, beim weiblichen Zyklus usw. eine hervorragende Rolle; bei Eintritt der Schwangerschaft treten als spezifisch die Gutagene auf. Hormone sind Ausdruck für die Tätigkeit des Lebensleibes. «Der Unterschied zwischen Ovar (Eierstock) und Testes (Hoden) in bezug auf die Hormonbildung ist durch die relative Dominanz bestimmter Enzymsysteme gegeben, und die Verteilung der die sekundären Geschlechtsmerkmale bei Mann und Frau prägenden Sexualhormone ist in erster Linie ein quantitatives und nicht ein qualitatives Problem.»[93] Der Lebensleib als Bewohner und Architekt des physischen Leibes ist mithin im Bereich der Geschlechtsorganisation bei Mann und Frau funktionell verschieden. Gleichzeitig aber wirkt in dem Hormongeschehen ein Seelisches (Astralisches) bis in die Leibfunktionen, denn «die Hormone sind Vermittler astralischen Wirkens in anderen Gebieten»; d. h. den Lebensvorgängen des Leibes[93a]. Insbesondere die Geschlechtshormone, die Steroide, sind «Vermittler der astralischen Impulse . . ., (die) deren (sonst) abbauenden Charakter, wie sie in der bewußtseinsweckenden Wirkung von Adrenalin u. a. zum Ausdruck kommt, in Aufbauprozesse überführen. Durch sie wirkt der Astralleib gestaltend, bildend innerhalb des Ätherleibes» (ebd., Bd. II, 1, S. 200, vgl. ferner S. 34 ff.).

Etwas ganz anderes gilt für den *Lernaspekt*: hier herrscht etwas Übergeschlechtliches, beiden Geschlechtern qualitativ Gleiches, denn die Vorstellungsfähigkeit ist eine schlechthin menschliche.

Wie sieht es aber für jenen dritten Bereich, den *Lebensertrag* aus? Von den sechs geschilderten «Eigenschaften» – Neigungen, Gewohnheiten, Gewissen, Charakter, Gedächtnis, Temperament – sind Gedächtnis und Gewissen stark *individuell*, umschließen sie doch persönliche Erfahrungen und Begegnungen, subjektive Erlebnisse. Das Gedächtnis wird aus den Einprägungen (Engramme) aufgebaut, die sich als Erlebnisse bis in die Lebensprozesse eingliedern[94]. Ganz anders steht es wohl mit der

---

[93] Rein-Schneider: Physiologie des Menschen, 6. Aufl. Bln. u. a. 1971, S. 312.
[93a] Husemann/Wolff: Das Bild des Menschen als Grundlage der Heilkunst, Bd. II, 2, Stgt. 1978², S. 534.
[94] «Das, was man Gewissen nennt, ist nichts anderes als das Ergebnis der Arbeit des Ich an dem Lebensleib durch eine Reihe von Verkörperungen hindurch. Wenn der Mensch einsieht, daß er dies oder jenes nicht tun soll, und

Temperamentsveranlagung: diese ist konstitutionsbedingt, d. h. ebenso stark von der Leiblichkeit her bestimmt wie das Gedächtnis und das Gewissen von der Persönlichkeit, dem Ich her. Eine mittlere Stellung nimmt das ein, was an Lebensertrag durch Erfahrung, Charakter, Verarbeitung, Auseinandersetzung zuwächst: dies ist sowohl vom Temperament mit beeinflußt wie durchaus persönlichkeitsgeprägt[95].

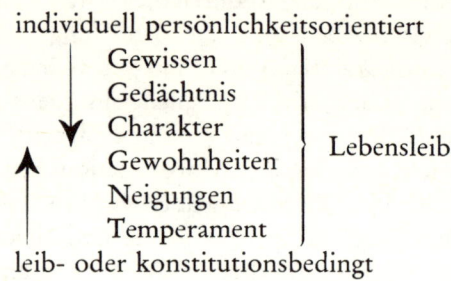

individuell persönlichkeitsorientiert

Gewissen
Gedächtnis
Charakter
Gewohnheiten
Neigungen
Temperament

Lebensleib

leib- oder konstitutionsbedingt

Charakter[96], *Neigungen, Gewohnheiten* führen zu ganz spezifischen Verhaltensweisen. Läßt sich in diesen wiederum etwas Geschlechtsspezifisches erkennen?

R. Steiner betonte wiederholt, daß manche rätselhafte Erscheinung sich dann aufhelle, wenn erkannt werde, daß «in gewisser Beziehung der Mensch sich einen Rest der alten Zweigeschlechtlichkeit erhalten hat», und zwar in seiner Lebensleiblichkeit. Denn beim «Manne ist der physische Leib männlich und der Ätherleib weiblich und beim Weibe umgekehrt ... Die Aufopferungsfähigkeit des Weibes z. B. im Liebesdienst hängt zusammen mit der Männlichkeit ihres Ätherleibes, während der Ehrgeiz des Mannes erklärt wird, wenn wir die weibliche Natur seines Ätherleibes erkennen»[97]. Es versteht sich, daß hierbei nicht der

wenn durch diese Einsicht ein so starker Eindruck auf ihn gemacht wird, daß dieses bis in seinen Ätherleib fortgepflanzt wird, so entsteht eben das Gewissen» (GA 34, S. 316).

[95] Erinnert sei an E. Kretschmer: Körperbau und Charakter. 24. Aufl. Bln., u. a. 1961 und W. H. Sheldon et al.: The Varieties of Human Physique. New York, 1940, wo von der Dominanz der einzelnen Keimblätter eine Konstitutionslehre entwickelt wird.

[96] Im Charakter offenbart sich, was sich als Inneres eingeprägt hat: «ein solches Offenbaren eines inneren Wesens» liegt in demjenigen vor, «was wir Charakter nennen ... Ein Einheitliches (Persönlichkeitsgeformtes) verstehen wir darunter». R. Steiner: Metamorphosen des Seelenlebens, GA 59, 29. 10. 1909.

[97] Theosophie des Rosenkreuzers, GA 99, 4. 6. 1907. Ähnlich beschreibt M.

biologische Aspekt, sondern jener mittlere Bereich gemeint ist, der dem Lebensertrag mit seinen Neigungen, Gewohnheiten und Charakterzügen zugehört. Dies ist der umgewandelte, durch Lernen, ja durch das Ich veränderte Lebensleib. Terminologisch werden mit dem Begriff Ätherleib sämtliche an diesen gebundene Erscheinungen zusammengefaßt, die sich funktionell aber durchaus gliedern. Wenn nun überraschend gesagt wird, der Ätherleib sei polar-geschlechtlich zur physischen Erscheinung, dann bezieht sich dies allein auf den «verwandelten» Ätherleib; diese Blickänderung wird gerechtfertigt, weil sie im Verhalten oft zum Erstaunen veranlassende Tatsachen zu deuten vermag:

«In Wahrheit haben wir in dem physischen materiellen Menschen niemals etwas anderes vor uns als einen physischen Ausdruck einer Totalpersönlichkeit. Die Menschenseele baut sich den Körper, wie aus zwei Polen sich der Magnet aufbaut. Sie baut sich einen männlichen und einen weiblichen Teil, das eine Mal den einen Teil als physischen Leib, das andere Mal als Lebensleib. Daher wird in bezug auf diejenigen Leidenschaften, die gerade am Lebensleib hängen: Hingebung, Tapferkeit, Liebe, die Frau offenbar männliche Charaktereigenschaften zeigen können und der Mann manchmal recht weiblich erscheinen. Dagegen mit Bezug auf alle Charaktereigenschaften, die mehr am physischen Leib hängen (leibliche Kraft, Energie, Zugriff u. a., S. L.), da wird sich im äußeren Leben die Konsequenz des Geschlechts ausleben. Deshalb muß es erklärlich erscheinen, daß wir in jedem Menschen, wenn wir ihn ganz betrachten wollen, eine Erscheinung vor uns haben mit zwei Teilen, einem offenbaren materiellen und einem verborgenen, dem geistigen. Und der ist erst ein vollständiger Mensch, der mit einer äußeren Männlichkeit im Inneren einen weiblich schönen Charakter zu verbinden in der Lage ist . . . Und daß diese einseitige Männerkultur (in der wir heute leben) ihre Ergänzung finden muß durch dasjenige, was ja in jedem Manne lebt – das hat man gerade in der Zeit der Männerkultur empfunden. Daher haben auch die Mystiker, wenn sie aus dem Tiefsten ihrer Seele sprachen, diese Seele als etwas Weibliches bezeichnet.»[98]

Diese im Mann vorhandene Weiblichkeit und im Weib vorhandene Männlichkeit, die unter der Schwelle des Begehrens liegt, macht viel-

Mead als weibliche Charakterzüge und Tugenden: «Geduld, Ausdauer, Standhaftigkeit.» Zit. n. V. Packard: Die sexuelle Verwirrung, a.a.O., S. 105.

[98] Rudolf Steiner, Vortrag über «Die Frauenfrage» vom 17. 11. 1906, in: Die Welträtsel und die Anthroposophie, GA 54, Dornach 1966.

leicht noch stärker das Anziehende zwischen den Geschlechtern aus als die äußere Erscheinung. Sie verdeutlicht aber zugleich auch, daß z. B. das weibliche Geschlecht sich im Alter dem männlichen annähert wie umgekehrt das männliche dem weiblichen. Das gilt sowohl für die sogenannten sekundären Geschlechtsmerkmale als auch bis in die Stimmlage, die bei der Frau tiefer, beim Mann höher wird[99]. Von hier aus mag auch das Phänomen der Homosexualität, der gleichgeschlechtlichen Beziehung betrachtet werden. In der jugendlichen Unsicherheit gegenüber den eigenen Triebgewalten kommt es – schon vor dem Eintreten der geschlechtlichen Reife – zu Freundschaften innerhalb des gleichen Geschlechts. Daraus mögen dann auch homoerotische oder gar vorübergehend gleichgeschlechtliche Beziehungen erwachsen, die in ihrer Qualität oft von kurzer Dauer und ein Durchgangsstadium in der jugendlichen Suchbewegung sein können. Aber es finden sich dann auch dauerhafte Geschlechtsbeziehungen zum gleichen Geschlecht, die sich nicht verändern lassen. In der bürgerlichen Wertordnung wurden solche zwischen Männern unter Strafe gestellt, nicht aber die zwischen Frauen; gleichwohl wurden sie als abnorm angesehen. Nicht um die Wertung, sondern um eine Seite des Verstehens geht es hier: liegt das «Abnorme» darin, daß der eine im gleichgeschlechtlichen Partner weniger die «biologische Vorderseite», das Erotische wahrnimmt, als vielmehr dahinter das Weibliche im Mann oder das Männliche in der Frau? Liegt in diesem Phänomen eine Art «Durchblick», ein Durchschimmern der «anderen Natur» vor, auf die sich dann die Hinneigung bezieht? Dann könnte ein anderes Wahrnehmungsvermögen, das in der sogenannten ödipalen Phase mindestens teilweise mitgestaltet wird, dafür ursächlich sein[99a].

[99] Vgl. Werner Christian Simonis: Die geistigen Hintergründe zum Entstehen und zum Wandel der Geschlechter, Stgt. 1977, S. 26: «Nach dem Klimakterium neigt die Frau dazu, eine tiefe Stimme zu bekommen oder Barthaare zu entwickkeln. Das weist darauf hin, daß sich die Wirksamkeit des männlichen Ätherleibes stärker hervordrängt, wenn der physische Leib aufbaumäßig mehr und mehr versagt.»

[99a] «Homosexualität gehört zum normalen, nicht zum krankhaften Bild, wenn man die Norm nicht zahlenmäßig bestimmt. Wir beobachten (wie dort ausführlich dargelegt) gleichgeschlechtliche Sexualität bei vielen Tieren. Homosexualität – von der Gesellschaft lange Zeit verfemt und als Verbrechen abgewertet – liefert den Beweis für die Prädominanz der Liebe vor deren ‹Zweck›, Nachkommenschaft zu erzeugen.» Frieling: a.a.O., S. 76. Vgl. ferner zu psychologischen Grundlagen Affemann: a.a.O., S. 169 ff.

Obgleich der inneren Qualität nach die Kräfte des Begehrens, also die des Seelenleibes ebensowenig wie die der Persönlichkeit nach dem Geschlecht des Menschen verschieden sind, treten auch im Seelischen gewisse Differenzierungen nach dem Männlichen und Weiblichen auf. Mit der Reife tritt sowohl das Begehren wie eine Vertiefung der Empfindung und die daran anschließenden Gefühle und Emotionen und verstärkte Leidenschaftlichkeit auf, aber desgleichen die Fähigkeit, selbständig zu urteilen, zu kritisieren, wie reichgestaltete Zukunftspläne zu entwickeln. Alles dies ist an den Seelen- oder Astralleib gebunden, war der Anlage nach da, wird aber zur beherrschenden, aber auch beherrschbaren Seelenkonfiguration, deren sich die Persönlichkeit, das innere Wesen bedienen kann. Denn «Leib und Seele sind Träger des Ich, in ihnen wirkt es»[100]. Als Ich verstehen wir jene Kraftgestalt, die das Erleben vermittelt, sich an etwas hinzugeben, d. h. in Handlungen mit selbst gesetzten Zielen übereinzustimmen und darin, sich vom Gelungenen zu lösen. Das Ich schafft Neues, drängt aber, ohne beim Erreichten zu verharren, weiter, bewahrt aber auch das Vergangene, d. h. hat Verantwortung und sichert Dauer im Wechsel. Selbstverantwortetes mündiges Handeln ist erst mit der Lebensreife gegeben. Nun tritt es aber auch schon mit der Geschlechtsreife verstärkt, vor allem im Selbsterleben der Gefühle, zu Tage.

Wer mit Pubertierenden Kontakt hat, kennt sehr wohl den Unterschied, der zwischen Knaben und Mädchen besteht: diese treten erstaunlich sicher, reif, damenhaft auf und erweisen sich auch im Urteil oft differenzierter, verständiger als Knaben; jene sind nicht nur unsicher, verhockter, zurückgezogener, sondern auch in den Empfindungen undifferenzierter, dafür durchaus rechte «Lümmel und Flegel». «Was sich . . . zunächst geltend macht, das ist, daß beim Mädchen der astralische Leib eine größere Bedeutung hat als beim Knaben . . . durch das ganze Leben . . . Der astralische Leib der weiblichen Natur ist in sich differenzierter, wesentlich reicher gegliedert als der astralische Leib des Mannes, der in einer gewissen Weise ungegliederter, undifferenzierter, gröber ist. Dagegen entwickelt sich das Mädchen zwischen dem 13., 14. und 20., 21. Jahr so, daß sein Ich allmählich . . . aufgesogen wird von dem astralischen Leib, so daß dann, wenn das 20., 21. Jahr eintritt, beim Mädchen . . . stattfindet . . . eine starke Anstrengung, zum Ich zu kom-

---

[100]   R. Steiner, Theosophie, GA 9, S. 48

men. Beim Knaben saugt der astralische Leib das Ich viel weniger ein . . .
(Durch das) Nichtaufgesogenwerden des Ich und doch wieder Nicht-
selbständigsein des Ich» wird der Knabe in diesem Lebensalter eher ein
«Duckmäuser als das Mädchen . . . Gewiß, man sucht Freunde . . ., aber
man hat das Bedürfnis, sich mit ganz besonderen Gedanken oder
Empfindungen in sich etwas verkriechen zu können . . . die Dinge sind
ganz fein unterschieden . . . beim Mädchen wird das Ich mehr oder
weniger vom Astralischen aufgesogen. Dadurch lebt das Mädchen mehr
oder weniger nach innen hinein . . . Das Naturgemäße ist das franke und
freie Hintreten vor die Welt, das sich sogar, wenn es sich mit etwas
egoistischen Gefühlen paart, zum Sich-Zeigenwollen in der Welt
wird . . . Im Extrem artet das dann zur Koketterie und zur Eitelkeit
aus . . . Der Gang wird anders, die Haltung wird anders, der Kopf wird
freier gehalten . . .»[101]. Diese Bemerkungen vermögen die Beobachtungen in der rechten Weise zu lenken und die Erscheinungen des Jugendalters tiefer verstehen zu lehren. Obgleich sie sich auf eine beschränkte
Zeit beziehen, spiegelt sich darin lebenslang etwas von der Verschiedenheit, wie das Seelische des Mannes und der Frau, reicher und differenzierter oder schlichter und ungegliederter sich darlebt, sofern es nicht
stark durch das Ich gestaltet wird. Diese Unterschiede lassen dann jene
seelischen Schwingungen zwischen Mann und Frau entstehen, die jeder
Wesensbegegnung voran gehen. Gleichzeitig öffnet sich die Seele in dem
Maße, wie die eigene Leiblichkeit vereinseitigt, dem Menschheitlichen;
alles, was in Natur und Welt geschieht, kann die Seele bewegen, sie
anregen. Das geschieht aber nach Geschlechtern verschieden. «Die Frau
sieht die Menschheit so an, daß sie dabei vorzugsweise *Werturteile*
zugrunde legt . . . Dem inneren Wesen nach trägt der Mann die Menschheit so in sich, daß er eigentlich das Menschliche wie ein *Rätsel* empfindet . . . Während also die Frau die Menschheit mehr im *Bilde* erlebt,
erlebt sie der Mann als *Wunsch* mit Rätselcharakter . . . Die Liebe ist
eben etwas ganz anderes beim Mann und der Frau. Bei der Frau geht die
Liebe von der Phantasie aus und ist immer damit verknüpft, ein Bild zu
formen. Die Frau liebt . . . niemals vollständig bloß einfach den realen
Mann, der dasteht im Leben . . . es ist das Bild darinnen, das aus jener
Welt heraus ist, die eine Gabe des Himmels ist. Der Mann hingegen liebt
mit Wunsch; die Liebe des Mannes trägt einen ausgesprochenen

[101]   R. Steiner, GA 302, 16. 6. 1921.

Wunschcharakter ... Das höchste Ideal kann noch ideale Wünsche enthalten; das instinktiv Sinnliche kann Produkt der Phantasie sein. Aber dieser radikale Unterschied ist zwischen Mannes- und Frauenliebe. Die *Frauenliebe ist in Phantasie getaucht;* die *Männerliebe ist in Wunsch getaucht.* Dadurch bilden sie etwas, was im Leben in Harmonie tritt.»[102]

c) «Sündenfall»

Über die stammesgeschichtliche Entwicklung hin zur Zweigeschlechtlichkeit kann empirisch wenig ausgemacht werden, sehr wohl aber *mythisch*: aus alter Überlieferung tauchen Bilder auf, die äußeres Geschehen in das vieldeutige, aber auch tiefgründige Gleichnis heben. So finden sich z. B. in der indischen Kunstgeschichte Darstellungen, die den allmächtigen Gott Schiwa mit seiner Gemahlin Parvati in einer einzigen Gestalt zeigen; die rechte Hälfte ist männlich, die linke weiblich. Die höhere Götterwelt ist stets übergeschlechtlich. Als Abbild tritt die androgyne oder hermaphroditische Gestaltung spät in Erscheinung, stammt aber dem Mythos nach aus urfernen Vorzeiten. Ähnlich findet man sowohl in der griechischen wie römischen Kunst Abbildungen des hermaphroditen Menschen, der beide Geschlechter in sich trägt, das ist aber nichts anderes als der un- oder zweigeschlechtliche Mensch. Es scheint, daß also die Eingeschlechtlichkeit der Ursprungszustand ist, den allenfalls die Götter bewahren – wie in sich ruhend, die Welt emanierend; wobei die so gewordenen Geschöpfe, zunächst den Göttern noch etwas verwandt, später erst die Geschlechtlichkeit polar zweifach ausbilden. Die Zweigeschlechtlichkeit stellt also für das mythische Bewußtsein einen Entwicklungsschritt dar, der erst auf einen ursprünglichen Anfangszustand der Eingeschlechtlichkeit folgte. In der Genesis heißt es: «Und Gott schuf den Menschen ihm zum Bilde. Zum Bilde Gottes schuf er ihn; und schuf sie, einen Mann und ein Weib» (1. Mose 1,27). Das Übergeschlechtliche, Eingeschlechtliche der Gottheit wird im Abbild – im Geschöpf – des Menschen in einer Zweiheit *veranlagt.* Mann und Frau sind eine Einheit, der okkulten Überlieferung nach Adam Kadmon. Erst der «zweite» Schöpfungsbericht, wo der Mensch aus einem Erdenklumpen von Gott geschaffen und mit dem lebendigen Odem versehen wird (1. Mose 2,27), legt dann dem *einen* Menschen das

[102] R. Steiner, GA 303, 4. 1. 1922, Die gesunde Entwicklung des Leiblich-Physischen als Grundlage der freien Entfaltung des Seelisch-Geistigen.

Gebot auf: «Du sollst essen von allerlei Bäumen im Garten; aber von dem Baum der Erkenntnis des Guten und Bösen sollst du nicht essen; denn welches Tages du davon issest, wirst du des Todes sterben. Und Gott der Herr sprach: Es ist nicht gut, daß der Mensch allein sei. Ich will ihm eine Gehilfin machen, die um ihn sei.» Sie wird aus der Rippe des Mannes geschaffen. «Und sie waren beide nackt, der Mensch und sein Weib, und schämten sich *nicht*.»

Dieser Zustand, nackt zu sein, ohne Scham, ändert sich erst mit der Verführung durch die Schlange, der beide anheimfallen. Sie essen vom Baum der Erkenntnis. «Da wurden ihrer beider Augen aufgetan, und sie wurden gewahr, daß sie nackt waren.» Die Scham tritt auf. Der Mensch ist in Sünde gefallen. Jetzt folgt auf den Fall die Vertreibung aus dem Paradies, die dazu führt, daß des Weibes Fluch ist: «Du sollst mit Schmerzen Kinder gebären», und des Mannes Fluch: «Im Schweiße deines Angesichts sollst du dein Brot essen, bis daß du wieder zu Erde werdest, davon du genommen bist.» Erst jetzt wird das, was zuvor *Anlage* war, aktualisiert; die zweigeschlechtliche Fortpflanzung geschieht: d. h. Adam und Eva haben Kinder, sie haben jetzt auch Namen.

Was hier durch den Bericht des Sehers dargestellt wird, ist ein tiefgründiger Zusammenhang, der zwischen der Zeugung im biologischen und der Erkenntnisfähigkeit im Vorstellungsleben besteht. Solange biologisch eine gleichsam vegetative Vermehrung erfolgt, bleibt das Bewußtsein dumpf, begierdenlos, pflanzenhaft-keusch. Sind jedoch zwei voll ausgereifte beseelte Organismen an der Zeugung eines Nachfolgeorganismus beteiligt, dann wird die Kraft zweier Wesen aufgewandt, die vorher ein einziger androgyner Organismus hervorbrachte. Differenziert sich diese androgyne Kraftgestalt in das Männliche und Weibliche, so bedeutet dies, daß der einzelne Organismus, das einzelne Wesen weniger an biologischer Leistung, an Lebensentfaltung, zu erbringen hat, als wenn dies durch einen allein zu geschehen hätte. Dadurch entsteht eine Freisetzung von Kraft, die dem einzelnen Organismus selbst zuwächst. Im mythischen Bericht ist damit auf die Fähigkeit der Erkenntnis von Gut und Böse gedeutet, die dem Fall in die Erdenwelt, in die Sünde, parallel geht. Wir können auch sagen – dies ist ein Ergebnis der Geistesforschung: die Eingeschlechtlichkeit bedeutet einen Zustand, wo in einem Organismus selbst eine Spannung herrscht, die bei der Zweigeschlechtlichkeit zwischen zwei Individuen besteht:

zwischen weiblichem und männlichem Pol. Das «Weibliche» ist da dem Stofflichen, dem Empfangenden gleichzusetzen, das «Männliche» dem Befruchtenden, Gestaltenden, was «Ei» und «Same», von der Funktion her gesehen, entspricht. Das Gestaltende läßt sich auch als das Formende gegenüber dem Stoff betrachten. Im einen steckt Aufnahmefähigkeit, im anderen aktive Tätigkeit. Indem sich das ins Zweigeschlechtliche auseinandergliedert, entsteht die menschliche Kultur, die in ihren Anfängen als pflegliche Hirtenkultur matriarchalisch, später dann zunehmend patriarchalisch-technisch erscheint. Wie im Physiologischen die Abläufe polar geworden sind, so auch im einzelnen Menschen: jeder trägt einen Teil des Geistes des anderen Geschlechtes in sich[103]. Die Trennung der Geschlechter, der «Sturz» oder die Entwicklung zur Geschlechtlichkeit – durch die Versuchung seitens der Schlange oder durch Luzifer, den Lichtbringer – bedeutet, daß der Mensch in den Besitz einer ursprünglich den Göttern vorbehaltenen Gabe, nämlich des Unterscheidungsvermögens, der Urteilsfähigkeit, der Erkenntniskraft gelangt.

Nicht die Erkenntniskraft selbst gilt als sündig, sondern der biologische Untergrund, durch den sie erworben wurde. Gerade aber darauf läßt sich die Tatsache anthropologisch zurückführen, daß der Mensch über das nur Gattungshafte hinaus sich individualisieren konnte. Damit zog aber auch in die Geschlechtlichkeit etwas wie eine Umhüllung ein, was sie begleitet an «Leidenschaften und Instinkten, wie sie angeregt wurden in der physischen Welt», d. h. durch die Sinne, dies ist die *Sinnlichkeit*. Das äußere sinnliche Gefallen der Geschlechter aneinander,

103 R. Steiner: «Der männliche Leib hat (durch die Erdenentwicklung) eine einseitige Bildung, die aus dem Element des Willens bestimmt ist, der weibliche hingegen trägt mehr das Gepräge der Vorstellung. So kommt es dann, daß die zweigeschlechtliche, männlich-weibliche Seele in einem eingeschlechtlichen, männlichen *oder* weiblichen Leibe wohnt. Der Leib hatte also im Laufe der Entwicklung eine durch die äußeren Erdenkräfte bestimmte Form angenommen, daß es fortan der Seele nicht mehr möglich war, ihre ganze innere Kraft in diesen Leib auszugießen ... Die Dichtigkeit des Stoffes unterbindet einen Teil der Fortpflanzungskraft. Und derjenige Teil dieser Kraft, der noch wirksam ist, bedarf der Ergänzung von außen, durch die entgegengesetzte Kraft eines anderen Menschen. Die Seele hatte alle die Kraft nach außen verwendet, um den Leib aufzubauen. Jetzt aber kann die Seelenkraft, die nach außen (zur Leibbildung) keine Verwendung findet, mit dem Geist in Verbindung treten ... Die Kraft, durch die sich die Menschheit ein denkendes Gehirn formt, ist dieselbe, durch welche sich in alten Zeiten der Mensch befruchtet hat. Das Denken ist erkauft durch die Eingeschlechtlichkeit». («Aus der Akasha-Chronik», GA 11, S. 75 ff.).

was erst seelisch leidenschaftliche Beziehungen zueinander hervorruft, gilt theologisch als das Sündige.

Ist der geisteswissenschaftlich und mythologisch aufgewiesene Zusammenhang auch biologisch nachweisbar? Da sich das, was die Genesis schildert, in geologisch längst vergangenen Zeiträumen im Menschenvorfahren ereignet hat, läßt sich das am Beispiel der fossilen Überreste des urzeitlichen Menschen nur schwer belegen, tritt dieses Befundmaterial doch erst auf einer gewissen Entwicklungshöhe in Erscheinung[104]. Wohl aber läßt sich in der Embryonalentwicklung, was die äußeren Genitalien betrifft, ein «indifferentes Stadium» nachweisen, wobei sich aus den Kloakenfalten (Mesenchym) nach oben der Genitalhöker, nach unten die Analfalten abgliedern. Die später angelegten Genitalwülste bilden den Hodensack bzw. die Schamlippen, während aus dem Genitalhöker der Penis oder die Klitoris werden. Diese Entwicklung verläuft von der 4. Woche an und differenziert sich bis gegen Ende des dritten Monats zur geschlechtlichen Verschiedenheit aus[105]. Das «indifferente Stadium» deutet auf die geschlechtliche Undifferenziertheit in der Stammesentwicklung (Phylogenese), wie sie die Entwicklung des Einzelorganismus (Ontogenese) bewahrt. Wenn nun die Erkenntnisfähigkeit biologisch an das zentrale Nervensystem gebunden ist, insbesondere an das Großhirn, so bedeutet dies, daß in der Embryonalentwicklung zugleich mit oder nach der Veranlagung der Geschlechtsorganisation im spezifischen Sinn die Nervenorganisation in ihrer Veranlagung eine deutliche Entwicklung durchzumachen hätte. Auffällig ist, daß die Anlage des Rückenmarks, des Mittelhirns und auch des Vorderhirns schon in der 4. Woche vorhanden ist, daß aber die basalen Schichten in Struktur und Reife vorangehen, während das Großhirn in Masse bis zur Geburt und danach zunimmt. Während die reiferen Teile des Nervensystems vor allem mit den Lebensprozessen verbunden sind, entwickelt sich die Großhirnrinde von der siebenten Entwicklungswoche an. Die für geistige Leistungen nötige Verknüpfung der Hirnhemisphären (Kommissuren) bildet sich anfänglich erst im 3. Entwicklungsmonat, wobei die Funktionsfähigkeit erst lange nach der Geburt erreicht wird. Die Anlage der spezifischen Geschlechtsorganisation geht also der des höheren Nervensystems voran.

[104] Vgl. F. Kipp: Die Evolution des Menschen im Hinblick auf seine lange Jugendzeit, Stgt. 1980.
[105] Vgl. J. Langmann: Medizinische Embryologie, 5. Aufl. Stgt. 1977, S. 193 ff.

Eng verbunden sind in der Entwicklung die Nieren mit den Genitalorganen. So erzeugen die Nebennieren nicht nur ihre eigentlichen Hormone, die Corticoide, sondern auch lebenslang die Sexualhormone, und zwar immer auch die gegengeschlechtlichen. Hier wird der Urzustand, der Männlich-Weibliches (Androgene, Östrogene) umschließt, fortdauernd bewahrt, hier auch wird im biologischen Aspekt des Lebensleibes das Gegengeschlecht mit umschlossen. Die Nieren trennen sich aber von der Genitalorganisation selbst schließlich ab, womit eine polare Entwicklung sowohl nach dem Männlichen wie Weiblichen eingeleitet wird. Zugleich wird aber auch eine Differenzierung in einem anderen polaren Gegensatz bewirkt, dem von Nerventätigkeit und Stoffwechsel: das Nervensystem baut ab, zentriert sich, schafft Bewußtsein, das Stoffwechselsystem baut den Leib auf, verströmt sich in den Lebensprozessen, es ist dem Bewußtsein unzugänglich. Im Organismus werden diese Gegensätze durch die Nierentätigkeit verbunden: denn einzig die Nieren sind in ihrem Bau symmetrisch wie die Sinnesorganisation, während der Stoffwechsel durch asymmetrische Organe (Magen, Leber, Galle, Darm) besorgt wird. In ihrer Bildung sind die Nieren von der Idee her vom Nervensystem, dem Material nach aber ganz vom Stoffwechselsystem gestaltet. Jedoch steht das Nierenmaterial embryonal mit den Geschlechtsdrüsen (Gonaden) in enger Beziehung. Indem sich Nieren und Genitalorganisation später auseinanderlagern, vermag sich dann der Lebensprozeß der Reproduktionsorganisation voll zu entfalten, während sich anschließend das Nervensystem zum Gegenpol steigert: seine Regenerationsfähigkeit erlischt vollständig. «So wie das Genitalsystem polar dem Nervensystem gegenübersteht, so hat auch die sekundäre Polarität (von) – männlich und weiblich – eine Rückwirkung auf das Nerven-Sinnes-System ...: der Mann verbindet sich stärker mit (seinem) Leib und der Erde. Er inkarniert sich intensiver, während die Frau kosmischer bleibt ... Das Nervensystem des Mannes erfährt außerdem eine intensivere, allerdings einseitigere Ausprägung. Das Spannungsverhältnis zwischen Nervensystem und dem polaren Genitalsystem ist beim Mann größer. Darauf beruht die Tatsache, daß in der embryonalen Entwicklung schon die männlichen Keimdrüsen früher differenziert sind. Das entsprechende Korrelat ... ist der Descensus (Herabstieg) der männlichen Keimdrüsen aus der Leibeshöhle.»[105a]

Die geschlechtliche Besonderheit der männlichen Gattungsexemplare

[105a] Husemann/Wolf, a.a.O., Bd. II, 2, S. 531.

und die Tatsache, daß das Heraustreten der Hoden aus der Leibeshöhle bei Vögeln und Elefanten fehlt, hat Anthropologie und Zoologie vielfach beschäftigt. In dem entwicklungsgeschichtlichen Augenblick, wo sich die Keimdrüsen innerhalb der Tierwelt eindeutig an das Leibesende verlagern, verlagert sich in einer polaren Bewegung hierzu das Nervensystem zum Kopf und zentralisiert sich dabei gleichzeitig. Wenn nun bei den höheren Tierarten außerdem die Hoden aus dem Leib heraustreten, gewinnt dieser Vorgang nochmals eine besondere Bedeutung, die erst die menschliche Sonderstellung verdeutlicht. Für die höhere Tierwelt gilt, daß der Heraustritt, d. h. «der Descensus der Keimdrüsen ... im Zusammenhang mit der gestaltlichen Ausprägung des Analpols gesehen werden muß. Er ist Glied der Selbstdarstellung.»[105b] Tiere bilden häufig mit dem besonders «hervortretenden Charakter» der Hoden ein Gegenstück am Kopfpol aus: Mähne, Gehörn, Geweih. Beim Menschen indessen treten zwar auch beim männlichen Geschlecht die Keimdrüsen hervor, aber es fehlt eine besondere Hervorhebung am Kopfpol, d. h. aber, daß die äußere Erscheinung zu einer innerlichen gestaltet wird. Das, was beim Tier als organische Bildung am Kopf die Aufmerksamkeit auf sich zieht, tritt ganz zurück, (analog wie beim weiblichen Geschlecht), wodurch die auf diese Weise nicht verbrauchten Bildekräfte zur rein geistigen Entfaltung frei und verfügbar werden. Diese Entwicklung führt beim Mann auffälligerweise zu einem schärferen, aber eingeengteren abstrahierenden Denken, während das weibliche stärker gefühlszugänglich und konkret bleibt.

Der Unterschied in den Keimdrüsen selbst ist zwischen Mann und Frau grundlegend. So sind in den Eierstöcken alle Eianlagen (Oogonien) mit der Geburt endgültig angelegt und schon in die erste Reifeteilung eingetreten, in der sie bis zum Untergang oder zur Ausreifung verharren. Ihre Zahl beträgt 1–2 Millionen, wovon allein nur etwa 400 zwischen Pubertät und Klimakterium ausreifen, abwechselnd in den symmetrisch angelegten Ovarien. Diese sind in der Leibeshöhle aufgespannt und werden durch die Muskulatur in einem «Schwebezustand» gehalten. Anders die Hoden, sie rücken aus der Leibeshöhle des Embryos – in der Regel zwischen 8. und 9. Schwangerschaftsmonat – in das Scrotum, den Hodensack vor, verlassen also den Leib und gelangen dadurch «in den

[105b]   Adolf Portmann: Einführung in die vergleichende Morphologie der Wirbeltiere, Basel/Stgt. 1969, S. 320, zit. n. ebd.

Schwereeinfluß», es bildet sich etwas Gliedmaßen-Verwandtes aus, d. h. also es werden die Kräfte der Erde, die Schwere in der generativen Organisation beim Mann wirksam. Der männliche Organismus wird infolgedessen tatsächlich erdverbundener, erdhafter als der weibliche, der in seinem monatlichen Rhythmus den Mondengang abspiegelt.

Die Bildung der Spermien beginnt erst mit der Geschlechtsreife. In Reifungsschritten von drei bis vier Wochen (Spermiogenese) bilden sich täglich etwa 200 Millionen Spermien aus, wobei ein Hoden etwa 1 Milliarde Spermatogonien enthält. Dieses Organ bleibt nach der Reife immerwährend lebendig, ständig neu zeugend. Im weiblichen Organismus haben die Keimdrüsen etwas «Schwebendes, Erhaltendes, Tragendes, Bewahrendes», im männlichen etwas «Sprudelndes und dennoch unter dem Einfluß der Schwere Stehendes, etwas sich dem Leib Entrungenes beim Zeugungsorgan». Es läßt sich näher begründen, daß Ohr und Ovarium durch die Bauähnlichkeit von Eustachischer Röhre und Eileiter (Tuba Fallopii) verwandt sind, und daß eine innere Beziehung von Auge und Hoden besteht: «Es gibt bestimmte Augenerkrankungen, die nur bei Männern auftreten, z. B. Farbenblindheit.»[105c]

Das Männliche wird in der rituellen Praxis der Beschneidung verstärkt: zum Zeichen des Bundes mit der Gottheit soll Abrahams Geschlecht beschnitten werden, wobei zur Auserwähltheit des Volkes gehört, daß es sich *kein* Bild vom Höchsten machen darf. Bildloses – abstraktes Denken wird also dadurch erzeugt oder verstärkt, daß durch das verstärkte Hervortreten der männlichen Genitalorganisation die Spannung zum Nervensystem noch erhöht wird[105d].

Der biologische Aspekt des männlich-weiblichen Organismus im Hinblick auf den Lebensleib ist also eindeutiger in seiner Vereinseitigung, er enthält allenfalls im hormonalen Bereich das Gegengeschlecht in sich.

Etwas von dem Zusammenhang, den die geisteswissenschaftliche Forschung aufdeckt, ist auch der mythischen Überlieferung eigen: in den Tempeln Indiens wie im Zentrum antiker Mysterien stehen und standen geschlechtliche Symbole, so der linga (Phallus) im Allerheiligsten des Shiva oder die Yoni (Vagina) höchster Gottheiten. Also das, was in der Überlieferung unserer Kultur als die niedere, sündige Natur im Menschen gilt, steht dort im heiligen Bereich ehrfürchtiger Verehrung. Die

[105c] Die Zitate stammen aus König: a.a.O., S. 19 f.
[105d] Husemann/Wolff: a.a.O., Bd. II, 2, S. 532.

«Verführung» des Menschenvorfahren, wie sie die Bibel berichtet, führte zur «In-karnation», zur Erscheinung des gottesebenbildlichen Wesens im Fleische. «Dadurch ist etwas sehr Merkwürdiges zustande gekommen . . . daß der Mensch gerade in den Organen, die man gewöhnlich die Organe der niederen Natur nennt, das Ebenbild der Götter ist. Nur ist dieses Ebenbild der Götter, so wie der Mensch auf Erden ist, verdorben. Gerade das, was das Höhere ist am Menschen, was geistig sein sollte vom Kosmos aus, gerade das ist seine niedere Natur geworden . . . was des Menschen niedere Natur jetzt ist, ist niedrig durch den luziferischen Einschlag; eigentlich ist es bestimmt, seine höhere Natur zu sein. Das ist das Widerspruchsvolle im Wesen des Menschen.»[106]

Der Anlage nach diente dieses Organsystem einem besonderen Wahrnehmungsfeld. Wie durch die Sinne Wahrnehmungen vermittelt werden, die das Nervensystem zu Vorstellungen, zu Abbildern der Erscheinungen verarbeitet, so sind «alle Wachstums- und alle Fortpflanzungsorgane umgestaltete . . . Sinnesorgane»[107]. Was sollten diese Organe wahrnehmmen? Nicht Abbilder, sondern wohl Wesenhaftes, hinter den Erscheinungen Verborgenes unmittelbar. «Die physischen Organe . . . sind gar nicht für Sexualität bestimmt, sie werden erst angepaßt der Sexualität . . . Sie sind so, daß die einen angepaßt sind dem Himmlischen, die anderen dem Irdischen.»[108] Das geschieht erst durch die Geschlechtsreife, das Kind ist «ein asexuelles Wesen». Das, was an Organanlagen zuvor aus Kräften des Kosmos (Uranos) und der Erde (Gäa) gebildet wird und in der Reifezeit zu Geschlechtsorganen führt, bildet sich durch die dem Kopf eigenen Kräfte aus[109]. Auf diese Anlage und Ursprünglichkeit schauen die uralten Weisheitsstätten hin, sie schauen durch den Schleier (Maya) der Gewordenheit hindurch auf das Urbild der Veranlagung. Sinngemäß verwendet das Evangelium für die geschlechtliche Vereinigung den Terminus *erkennen*: «Maria hatte noch keinen Mann erkannt». Damit ist also hingewiesen, daß neben der eigentlichen Fortpflanzungsfunktion des geschlechtlichen Organsystems diesem weiterhin etwas von der ursprünglichen Anlage anhaftet: die Wahrnehmung des anderen Menschen in seinem tieferen Wesen . . .

---

[106] R. Steiner: Die spirituellen Hintergründe der äußeren Welt, GA 177, 8. 10. 1917.
[107] R. Steiner: GA 99, 2. 6. 1907, S. 96.
[108] R. Steiner: Das Rätsel des Menschen, GA 170, 31. 7. 1916.
[109] Ebd., vgl. auch W. Schad, Die Scham, in: Die Drei 12, 1979, S. 752 f.

Was hier aus der Stammes- und Individualentwicklung beschrieben wurde, mag eine nicht einfache Vorstellung sein, sie ist aber in der Biologie vielfach bekannt. «So wie die Organe, die schließlich zu Begattungswerkzeugen werden, vorher eine andere Aufgabe gehabt haben (häufig waren sie Beine, Mundgliedmaßen u. a.), so wechseln auch viele andere Organe ihre Funktion. Dabei geht die alte Funktion oft nicht einmal ganz verloren.»[110]

Das Mythologem «Sündenfall» bezeichnet also einen vielfältigen Vorgang: a) das Erwachen der Erkenntnis, b) die Vereinnahmung eines ursprünglich anders veranlagten Systems tieferer Erkenntnis in den Dienst der Fortpflanzung, c) das Selbsterleben des selbstbewußten, daher auch egoistischen Menschen in der Geschlechtlichkeit. «Es gehört diesem System des menschlichen Egoismus ja auch das Sexualsystem an. Und das menschliche Ich wirkt gerade auch auf dem Umwege durch das Sexualsystem am meisten das menschliche Wesen mit Egoismus durchdringend.»[111]

Mit der Geschlechtsreife wird, was embryonal veranlagt war, Wirklichkeit: der Mensch wird Geschlechtswesen. «Zwar sind nur (von Zwittern abgesehen) Weib und Mann . . . und nicht der ‹Mensch als solcher› auf der Erde, aber dieser beherrscht doch die Geschlechter und wirkt in sie hinein. Vor der Betätigung des Geschlechts liegt eine sehr lange Kindheit, eine Zeit der Ungeschlechtlichkeit trotz äußerer Geschiedenheit. Solange der Mensch den Bildungskräften hingegeben ist . . ., solange wirkt auch das Geschlechtliche noch nicht schöpferisch in ihm – und zwar weder körperlich noch seelisch-geistig . . . Je tiefer der Mensch in das Irdische hineinwächst, je mehr ihn die ‹himmlischen› Bildungskräfte verlassen und er auf sich selbst mit Wissen und Gewissen gestellt ist, desto klarer tritt er als Geschlechtswesen auf. Mit zunehmendem Alter lösen sich vom Menschen . . . die Bildungskräfte . . ., die sich im Läuterungsfeuer des Erdenwandels entwickelt haben . . . Die Stürme und Leidenschaften . . . haben sich gelegt oder sind doch unter das Steuer der Vernunft gekommen. Der Mensch . . . betrachtet sich (jetzt) als Mensch und stellt sich Gott gegenüber . . . Unser kosmisches Bewußtsein ist wieder Merkmal des Asexuell-Geistigen; es wird ein

[110] Wolfgang Wickler: Die Biologie der Zehn Gebote, 2. Aufl. Mchn. 1977, S. 168.
[111] R. Steiner: Geisteswissenschaftliche Gesichtspunkte zur Therapie, GA 313, 11. 4. 1921.

leibfreier Zustand angestrebt . . .»[112]. Dadurch wird angedeutet, wie die Geschlechtlichkeit ein Stadium in der biographisch-menschlichen Entwicklung ist, die auch übergeschlechtliche Zustände in Zukunft kennt, wie sie für die Vergangenheit im Paradiesesbericht bewahrt sind, der bis zum Pubertätsstadium erneut Gegenwart wird[113].

«Es ist mit dem Zusammenwirken der beiden Geschlechter die sinnliche Begierde verknüpft worden, die angeregt wurde durch das äußere Auge, durch das äußere Sehen des andersgeschlechtlichen Wesens. Da wurde dem Menschen mit seiner Geburt etwas einverleibt, was mit der besonderen Art der Leidenschaft und Gefühle der Menschen, die im physischen Leben stehen, zusammenhängt . . . Er bekam jetzt durch den Befruchtungsakt etwas mit, was er als ein in sich selbständiges, abgeschlossenes Wesen aus der Sinnenwelt in sich aufgenommen hat. Nachdem die Menschen in die Zweigeschlechtlichkeit eingetreten waren, gaben sie das, was sie selber erlebten in der Sinneswelt, ihren Nachkommen mit . . . Der Einklang mit der göttlich-geistigen Welt wird gestört, und bei jedem Befruchtungsakt teilt sich dies physisch der Leiblichkeit mit. Dadurch kommt jeweils etwas moralisch weniger Vollkommenes in den Fortpflanzungsvorgang hinein. Das kann als eine ‹Erbsünde› gelten. Jedesmal, wenn die Geschlechter in Leidenschaften erglühen, mischen sich in den aus der astralischen (seelischen) Welt herabkommenden Menschen die Ingredienzien der beiden Geschlechter hinein.» Dem Nachfolgeorganismus haftet in seinem Seelenleib etwas von den Trieben, Leidenschaften und Begierden an, die den «elterlichen Vorfahren eigen war»[114].

Die hier geschilderte Polarität umfaßt einerseits den physisch-lebensvollen Vorgang der Fortpflanzung, andererseits das, was diesen Prozeß an Leidenschaftlichem und Begierdehaftem aus der Seelenleiblichkeit (und damit auch aus dem Vererbungsstrom) ergreift. Sinneswahrnehmungen, auf das andere Geschlecht gerichtet, rufen stets Empfindungen hervor und wirken in der Seele stark auf die Gefühle, sie lassen das Innere der Seele «erglühen» und bringen in den naturhaften Vorgang der Wahrnehmung das Begehren hinein. Dadurch vermag das Wesen, das daran teilhat, sich nicht nur zu steigern, sondern eventuell «unter sich

---

[112] H. Frieling: a.a.O., S. 92.
[113] Für die Zukunftsentwicklung des Fortpflanzungsgeschehens vgl. R. Steiner: Vor dem Tore der Theosophie, GA 95, a.a.O., V. 13.
[114] R. Steiner, Geisteswissenschaftliche Menschenkunde, GA 107, 8. 12. 1908.

herunterzukommen». Das ist dann Sünde, d. h. dem Makel, dem Irrtum verfallen. «Ohne die Erhöhung des Animalischen zum Menschlichen, ohne die Übersetzung des Empfindens in das Gefühl ist das Fest des Eros nicht gesegnet. Die vergangene Sinnestrunkenheit schwindet um so schneller, je loser die seelische Verbindung mit dem Weibe war. Ja, das Erwachen kann einer Ernüchterung gleichen, wenn nur der Trieb gestillt wurde und an Stelle wahrer Zuneigung und Liebe allein zur Vereinigung führte.»[115]

Der theologische Begriff der Erbsünde dagegen weist auf eine andere Schicht. Er meint nicht die persönliche Verfehlung, sondern knüpft an die – schließlich gottgewollte – Erhaltung der menschlichen Art an. Die Fortpflanzung als solche steht unter dem Diktum der Erb-Sünde, damit aber ist sie etwas, was jenseits der Moralität seinen Ort hat, sie ist vor- oder a-moralisch. Durch das Person-Sein des Menschen, d. h. durch das Erwachen des Bewußtseins für gut und böse im Menschen wird der Vorgang der Erbsünde, der die Menschheit allgemein, nicht aber den Einzelmenschen berührt, so weit zu einem Individualproblem, als die Geschlechtlichkeit der persönlichen Verantwortung unterliegt. Solange dieser Bereich kulturell gewertet und gestaltet wurde, war die Verantwortung sozial normiert, erst heute wird sie der eigenen moralischen Beurteilung zugänglich.

d) Erhöhung des Menschen – Aufgaben der Jugendzeit

Erst wenn der Begriff der Person, der Personalität, des Ich von innen erfaßt wird, kann er dem anderen Menschen dazu verhelfen, von der bloßen Sache, dem Dinglichen, zum Du, zum anderen Ich aufzusteigen: er gewinnt Würde. «Die Würde des Menschen – zum Beispiel in der Gestalt des andersgeschlechtlichen Partners einer Intimbeziehung – voll und ganz respektieren heißt dann u. a.: ihn unter keinen Umständen zur Sache, zum verfügbaren Mittel degradieren wollen, heißt ferner: unter keinen Umständen zulassen, daß der Partner sich selbst als Sache, als bloßes Mittel . . . zur Verfügung stellt.»[116]

Wenn nun mit der Reife des Geschlechts sich die seelischen Kräfte des Begehrens der eigenen Leiblichkeit entwinden, dann befähigen sie den

[115] H. Frieling: a.a.O., S. 51.
[116] Böttcher: a.a.O., S. 14.

Menschen, eine eigene, autonome, empfindungsdurchdrungene Seelen-
gestalt (Seelenleib) auszubilden. Die personale Identität ist damit noch
keineswegs ausgereift. Dieses seelische Vermögen kann sich sowohl a)
im Urteilen mit den Welterscheinungen verbinden als auch b) auf die
eigene Leiblichkeit zurückwenden; genutzt werden will es auf jeden Fall.

a) Wendet es sich zur Welt, zum Urteil hin, so genügt ihm nicht mehr
allein das Wissen davon, sondern es wird dazu verwendet, den eigenen
Standort zu bestimmen, wie auch dazu, Kentnisse zu Erkenntnissen zu
steigern. Der Jugendliche hat dabei das Streben, die Außenwelt mit ihren
Gesetzen, Ursachen und Wirkungen zu verstehen, die Absichten und
Ziele menschlichen Handelns, ob nun in der engeren Umgebung oder in
der Politik, zu durchschauen. Zunächst wird alles, was an die Seele
herankommt, ein Rätsel. Daran aber kann sich dann die innere Betätigung der Seelenkräfte ausbilden, die eigene Urteilsfähigkeit erproben.
Die abrupte Abwendung von allen überlieferten Werten, von Eltern,
Erwachsenen ist Ausdruck für die Suche nach der eigenen Seelenverfas-
sung.

b) Wo nun dasselbe seelische Vermögen nicht auf die Außenwelt
gerichtet wird, sondern im Innern verharrt und zurückgestaut bleibt,
verwandelt es sich nach zwei Richtungen hin in Instinktartiges: erstens
in «Machtkitzel» und zweitens in «Erotik», gemeint ist in dieser
Begriffswahl Steiners: undurchseelte Sexualität. Dies sind dann sekundäre Umwandlungsprodukte, insofern sie sich als Kräfte der Leiblichkeit
entrungen haben und sich nunmehr wieder mit ihr verbinden[117].

Diese Form reiner, undurchseelter Sexualität, ohne Anflug persönlicher Durchdringung findet sich häufig. So sagt ein 17jähriger Lehrling:
«Natürlich habe ich geschlechtliche Beziehungen. Ich bin ja kein Wal-
lach»; und ein anderer: «Wenn der Geschlechtstrieb da ist, warum soll
man ihm dann nicht nachgeben? Das ist doch ganz natürlich. Man
verbietet ja einem Kind, das zu laufen anfängt, nicht das Laufen.»[118]
Demgegenüber formuliert eine 15jährige italienische Schülerin: «Dazu
müßte man ... von ganzem Herzen lieben. Aber wie soll man wissen,
ob man liebt oder nicht? Ich glaube jedesmal, ich bin halbtot vor Liebe,
und dann nach einem Monat ist alles vorbei» (ebd., S. 112). Diese
Beispiele aus «Sexprotokollen» verdeutlichen einerseits recht unterschiedliche Haltungen bei den Geschlechtern. Wer sich seines Triebs

---

[117] R. Steiner: Erziehungsfragen im Reifealter, a.a.O.
[118] Zit. n. Böttcher, a.a.O., S. 128.

bewußt wird, steht diesem dann auch gegenüber, er ist nicht mehr zwingend, wenn auch bedrängend. Welche Fragen werden dadurch an den Jugendlichen gerichtet? Im einen Fall der Vergleich mit der Natur, im anderen die Frage an die eigene seelische Qualität. Das eine klingt recht roh und dinglich, das andere persönlich durchlebt. Vielleicht ist das auch ein Abbild dafür, daß das männliche Verhalten direkter, das weibliche seelischer und zarter sein kann. «Für Knaben ist die Mittelstufe wesentlich beunruhigender, weil die sexuelle Erregung allgemein beim Mann plötzlich und mit stärkerem Bedürfnis nach sofortiger Lösung und Befriedigung auftritt. Das ‹inoffizielle Pensum› besteht bei Jungen neben einem umfangreichen Repertoire generationsweise kaum unterschiedener, stets wiederkehrender Witze, obszönen Vokabeln . . . vor allem in gemeinsamer Besichtigung von anatomischen Bildern, Zeichnungen oder anderen ‹aufklärenden› Materialien . . . Würde die Information in ausreichendem Maß rechtzeitig in der Schule verbessert, so bestünde eine große Wahrscheinlichkeit dafür, daß sich allgemein die sexuellen Umgangsformen des Mannes verbessern würden . . . Dazu gehört auch der Hinweis, daß die altersspezifischen Masturbationsphantasien gerade den jungen Menschen dazu verleiten können, in der Frau oder dem Mädchen nur ein Sexualobjekt zur Befriedigung seiner aktuellen Triebbedürfnisse zu sehen, d. h. die Frau schlechthin auf ihre Sexualorgane und -funktionen zu reduzieren. Diese Tendenz wird verstärkt, je mehr Unklarheit durch Verschweigen eintritt.»[119]

Entgegen der vorstehenden Beschreibung liegen die Ursachen aber sicher noch tiefer, als daß sie durch reine Information in einem Sexualkunde-Unterricht verändert werden könnten und dann entsprechend andere Wirkungen zeitigten. Zweifellos ist jedoch richtig, daß unzureichend durch Erkenntnis verwandelte Triebhaftigkeit in Destruktion umschlägt, d. h. in das Streben, die eigene «Macht» in Herrschaft über andere zu entfalten. Die Phänomene der Gewalttätigkeit, wobei die eigenen physischen Kräfte sich über wehrlose Objekte oder schwächere Menschen Geltung verschaffen und diese zerstören oder zumindest schädigen, sind – mehr oder minder bewußt geübt – erst vom Jugendalter an möglich. Halbstarkes und jugendliches Rowdytum läßt sich so als eine zwar mögliche, doch ungesunde Fehlentwicklung in der Zeit der Geschlechtsreife begreifen.

Die großsprecherische Haltung eines Don Juan, dem die Gelegenhei-

[119] Brocher: a.a.O., S. 72.

ten und Erfolgszahlen neben dem Lustgewinn einziger Sinn zu sein scheinen, läßt sich als Erscheinungstypus der Geschlechtlichkeit auch immer wieder schon im Jugendalter ausgeprägt finden. Wenn «der Mensch nicht genügend Interesse für die Welt draußen hat, wird er auf sich selbst gelenkt; dadurch beginnt er, in sich selbst allerlei auszubrüten ... Wenn man die Hauptschäden der heutigen Zivilisation ins Auge fassen will, so bestehen sie im wesentlichen ... darinnen, daß die Menschen viel zu viel mit sich selbst beschädigt sind, daß sie im Grunde genommen einen großen Teil ihrer freien Zeit nicht damit zubringen, sich mit der Welt zu beschäftigen, sondern sich damit zu beschäftigen, wie es ihnen selbst geht, was ihnen selber weh tut ... Und das ungünstigste Lebensalter für die Beschäftigung mit sich selber ist das Lebensalter zwischen dem 14., 15. und dem 21. Jahre. In diesem Lebensalter muß die Urteilsfähigkeit, die in diesem Alter erblüht, umgelenkt werden auf die Weltzusammenhänge auf allen Gebieten ... Das, was man von innen spürt, das regt einen sofort an, sich mit sich selbst zu beschäftigen, wenn man nicht genügend nach der Außenwelt abgelenkt ist.»[120]

Nun könnte leichthin eingewandt werden: dies sei nichts anderes als die wohlbekannte Form überlieferter Verdrängungen bzw. Ablenkung: Sport treiben, nicht an Mädchen denken, die doch im Ergebnis darauf hinauslaufen ein Aggressionspotential aufzubauen, nicht aber zur Befreiung des Menschen beizutragen. Der Unterschied zwischen dieser und unserer Auffassung läßt sich aber sehr wohl verdeutlichen: ging die «Ablenkung» durch Sport, Wandern usw. auf Aktion aus, also auf Tätigkeit mehr oder minder um ihrer selbst willen, so ist hier nicht Aktion als Selbstzweck, sondern gerade die Pflege jener der Leiblichkeit entwachsenen Kräfte für die persönliche Urteilsbildung und seelisch aktive Hinwendung zum menschlichen Dasein gemeint, die zur Personalisierung aller Bezüge führt. Die seelische Kultivierung schlechthin sowie der Aufbau eines innerlich ersehnten Weltbildes wird angesprochen, was, wenn es aufgegriffen wird, den tiefsten Intentionen des Jugendlichen selbst entspricht. Grundlegend bleibt also die anthropologische Einsicht, an der sich keine wie immer geartete Zielsetzung vorbeimogeln kann, daß das leiblich-seelische Geschehen der Reifezeit eine Entbindung vor allem innerlicher und nicht nur sexueller Kräfte darstellt. Wenn nun pädagogisch eine Hinlenkung auf die Welt erfolgt, so ist das etwas,

[120] R. Steiner: Erziehungsfragen, GA 302a, a.a.O.

was nicht nur in den Möglichkeiten, sondern vor allem in den unbewußten Erwartungen des Jugendlichen liegt, die ihm das eigene Seelenwesen aufbauen, «nähren» und fördern. Demgegenüber führt die Hinwendung auf den untergründigen Schmerz, der vom Leib und seinen Trieben aufsteigt, nicht zur «Befreiung» – wovon auch? –, sondern im Gegenteil zu neuerlicher Bindung, ja Fixierung an eben die Triebkräfte; sie machen als solche moralisch unfrei. Gegen die Befreiung des Menschen aus Triebzwängen mit Hilfe freizügig gebrauchter Sexualität, für die jegliche Normen – außer der Lustmaximierung – abgelehnt werden, spricht die Tatsache, daß diese Sexualität ihrerseits wieder den Menschen in ihren Bann zu schlagen vermag und zum hauptsächlichen Lebensinhalt werden kann, wobei dann u. U. der Überdruß stets neu zu ersinnende Formen der Stimulierung hervorrufen muß.

Die freigesetzten Kräfte sind anpassungsfähig: sie können zur Erfüllung von Natur- oder Kulturbedürfnissen verwandt werden. Aus ihrer Herkunft drängen sie zur Natur, hierfür braucht allerdings keine Kultur zu sorgen. Daß eine leibfeindliche Ethik die «Natur» leugnete, heißt nicht, daß eine «neue Moral» nun jede Ethik verdrängen dürfte. Denn dann kommt der Mensch – das ist biologisch allein ihm möglich – unter seine eigene Würde herunter, er «gebrauchts allein, um tierischer als jedes Tier zu sein» (Faust).

Beide Möglichkeiten, die der Sublimierung im Leibfreien wie die, in der Sexualität aufzugehen, eignen dem Menschen. Nicht Sublimierung aber ist hier gemeint, sondern das Gewahrwerden, daß jeder Trieb an den Menschen Aufgaben der Ordnung und Harmonisierung stellt. Konkret: wendet sich das Interesse lediglich auf die eigene Trieberfüllung, dann wird mit diesem Interesse die menschliche Lebensbedingung, die conditio humana, verfehlt. Denn mit der Freisetzung der Triebe gehört zum Menschsein auch ihre Gestaltung: «Die Erörterung der Triebproblematik, die Grundkonzeption der Triebsteuerung durch Triebaufschub, Umwegverhalten und sublimierte Möglichkeiten der Ersatzbefriedigung sollten allerdings zur Sexualerziehung der Oberstufe . . . gehören.»[121]

Dahinter aber verbirgt sich ein weiteres Problem, das wir als «Inter-

---

[121] Brocher: a.a.O., S. 76. «Für den leiblich-seelisch Gesunden ist nackte, von allem Personhaften abgekoppelte Sexualität nur in Ausnahmezuständen möglich. Sie ist nicht unmoralisch, sondern ‹nicht-menschlich›, also krank». (Hartmann: a.a.O., S. 33.)

esse» bezeichnet haben: wendet sich dieses vor allem auf die eigene Lust, auf die eigene Sinnlichkeit, so steigert sich die narzißtische Komponente, die in jeder Erotik, ja auch in der Liebe selbst mitschwingt, ganz erheblich. Das eigene Ich erlebt sich an und durch die eigene Leiblichkeit einerseits, mit und durch die wiederum andersgeartete Sinnlichkeit des Partners andererseits, ohne daß dieser selbst ein eigenes seelisches Leben zu gewinnen bräuchte. Menschliches Erleben geschieht stets so, daß das Ich durch die Sinne die Welt erfährt und daran zu sich selbst erwacht, also auch: daran wächst, sich erhöht. Die Erhöhung, die Ausweitung des eigenen inneren Seins kann dadurch beflügelt werden, daß ich (weniger über die bekannten Sinne direkt als vielmehr) durch seelische Beeindruk-.kung des Ichs eines anderen impulsiert werde. So sind rein geistige Begegnungen möglich, die das Ich erstarken, erhöhen: so die des Johannes Tauler mit dem Gottesfreund oder Schillers mit Goethe, aber auch erotisch bestimmte wie die Dantes mit Beatrice, Wagners mit Cosima u. a. Viele Biographien sind durch eine dieser Formen tief geprägt. Demgegenüber ist das ausschließliche Interesse an der eigenen Lust, (die Beziehung kann sicher auch wechselseitig und von gleichem Niveau sein!) wohl von der Wirkung, daß der so Betroffene geistig-ichhaft *abnimmt*, statt *erhöht* erniedrigt wird. Was liegt dann vor? Dies wird im Falle des Partnerwechsels deutlich, so wird annonciert: (Ein Paar) «beide von konventionellen Freundschaften gelangweilt, wünscht Bekanntschaft». Wird ihm in diesem Fall nicht etwas von der eigenen Wesenheit – des Selbstes – herausgebrochen? Wenn diese Daseinshaltung den Menschen ganz ergreift, waltet dann nicht ein «Geist des bloßen Lebens in der Sinnlichkeit und des Vergessens aller geistigen Wesenheiten und geistigen Welten»? Wird dadurch nicht der Blick auf höhere Werte und Wesen stark umdunkelt? Dann kann – als extreme Position – (wie von dem Siebzehnjährigen) argumentiert werden: «es ist doch natürlich. Da Lebewesen Triebe haben und sie ausleben – warum nur der Mensch nicht?» Wird diese Haltung zur Weltanschauung, dann wird der Mensch nach und nach heruntersinken in seine «tierischen» Triebe und Leidenschaften. Kann das nicht als eine *menschliche Versuchung* gelten? Um diese Versuchung mit der paradiesischen zu vergleichen, mag sie asurische Verführung genannt werden[122]. Ergebnis dieser Verführung, die

[122] Von ind. «Suras» = Götter, urspr. Sur = Atem), das wird in der Verneinung zu A-suras = Ungötter, Widergötter. Diese Bezeichnung gebrauchte R. Steiner: GA 107, V. v. 15. 2. 1909, wo, wie vorausweisend, über eine kulturelle

reinen *Lustgewinn* verspricht, ist ein *Verlust an innerster Substanz*[123]. Das Phänomen der Geschlechtlichkeit zeigt also zwei Richtungen: die der Befeuerung, der Entbindung von Kräften und Sehnsüchten, der Erhöhung: «wo ich ihn nicht hab', ist mir das Grab» (Gretchen), wie der Lustgewinnung zum Selbstzweck: «das augenblickliche Glück des Heranwachsenden darf nicht einem künftigen geopfert werden» (Kentler). Weil dies so ist, bedarf es zunächst des Unterscheidungsvermögens im Typologischen. Denn darin offenbaren sich die Seelenkräfte, von denen gesprochen wurde: die Kraft der Sympathie, der Hingabe nach außen, an den anderen, und die der Antipathie, des Rückzugs auf sich selbst im gesteigerten Selbsterleben – mit Hilfe des anderen als Instrument. Wenn sich das Seelische mit den Trieben verbindet, ist eben die ihnen entsprechende polare Erscheinung zu finden: in der offenen Sympathie nicht nur der andere, sondern durch ihn eine Steigerung des eigenen Wesens, ohne daß dies selbst die Trieberfüllung zur Voraussetzung hätte, sie aber auch nicht hindern muß. Das extreme Gegenteil davon wäre: die instrumentell genützte Triebhaftigkeit, die Lustgewinnung um ihrer selbst willen, die letztlich verarmt, statt bereichert. Darum bedarf dieser Typus geschlechtlicher Entfaltung besonders der Stimulanzien, weil die Verarmung sonst unaufhaltsam sichtbar wird: sinnliche Reizmittel – dazu mögen zählen Pornographie, Sado-Masochismus, Perversionen verschiedenster Art. Sexualität wird zum Selbstzweck, sie hat keine ichhafte Dienstfunktion, weder Fortpflanzung noch «Steigerung» in dem beschriebenen Sinn. «Sexualität verleiblicht Liebe und zielt wesensgemäß auf die personale Bindung ab. So ist die geschlechtliche Vereinigung von Mann und Frau in ihrer Vollendung die höchste und intimste Form des zwischenmenschlichen Körperkontaktes, sie ist das intensivste Sich-Austauschen und Sich-Mitteilen zweier Menschen. Sie sollte als eine personale Liebesgemeinschaft angesehen werden, als ein leiblicher Ausdruck des Angenommenseins durch den Partner.»[124]

Als Beispiel für einen tatsächlich beschrittenen Weg, der zur Erhö-

Sexualisierung und ihre Folgen für das einzelmenschliche Ich gesprochen wird; vgl. desgleichen: GA 182, 9. 10. 1918.

[123] Über den Partnerwechsel aus Langeweile resümiert Packard: «Die Leute kommen oft in ein Zimmer und paaren sich dort auf ruhige Art und Weise. Das ganze ist aseptisch. Diese Leute befinden sich aber oft in therapeutischer Behandlung ... Aber auch das Neueste kann sich abnützen.» (Sexuelle Verwirrung, a.a.O., S. 240).

[124] Janzig: a.a.O., S. 14.

hung auf gänzlich andere Weise führen kann, sei noch auf folgenden Zusammenhang hingewiesen. Gandhi führt sein eigenes sozialpolitisch einzigartiges Wirken zurück auf ein Gelübde, das er 1906 tat, in dessen Befolgung ihm ungeahnte Kräfte des Erleidens, aber auch des Mutes zuwuchsen: auf die geschlechtliche Enthaltsamkeit oder «brahmacarya». Er sieht in einer Form der Askese einen Weg, die eigenen Fähigkeiten zu steigern, d. h. sich innerlich zu erhöhen: «Das Ehepaar, das all dies begreift, wird sich nie nur zur Befriedigung der Wollust vereinigen, sondern nur, wenn es Nachkommenschaft wünscht. Ich halte es für den Gipfel der Unwissenheit, zu meinen, der Geschlechtsakt sei eine unabhängige Funktion, die notwendig sei wie Schlaf und Essen. Die Welt hängt für ihren Fortbestand vom Geschlechtsakt ab, und da die Welt der Spielplatz Gottes und der Widerschein seiner Glorie ist, sollte der Geschlechtsakt zum geordneten Wachstum der Welt unter Kontrolle gehalten werden. Um gegen meine Frau gerecht zu sein, muß ich sagen, daß sie nie die Verführerin war. Daher war es für mich überaus leicht, das brahmacarya-Gelübde zu leisten, sofern ich nur wollte. Es waren meine Schwäche und meine wollüstige Zuneigung, die das Hindernis bildeten. Kontrolle des Gaumens ist das erste, was bei der Wahrung des Gelübdes wesentlich ist. Ich stellte fest, daß die völlige Kontrolle des Gaumens die Wahrung ganz leicht macht . . . So überwältigend sind die Leidenschaften, daß sie nur unter Kontrolle gehalten werden können, wenn sie von allen Seiten beschnitten werden; von oben wie von unten. Es ist allgemein bekannt, daß sie ohne Nahrungszufuhr machtlos sind, und daher ist, wie ich nicht zweifle, Fasten sehr nützlich, wenn es zwecks Bezähmung der Sinne unternommen wird. Brahmacarya bedeutet Kontrolle der Sinne im Denken, Reden und Tun.»[125]

Mit dem Blick auf eine gänzlich andere Haltung, einem anderen Kulturkreis entwachsen, ist es nochmals möglich, die Jugendsituation zu vergegenwärtigen. Als neue Kräfte entbindet sich der Leibesreifung ein doppeltes, sehr subjektiv-seelisches Vermögen: das Begehren und die Urteilskraft. Sie entwächst den Tiefenschichten des Leibes, der seine höchste biologische Befähigung, an der Erhaltung der Art mitzuwirken, erhält. Als Kräfte der Seele sind sie darauf angelegt, zu trans-zendieren, über sich hinauszuweisen, d. h. Instrument zu werden für etwas anderes: das *Begehren* zur Erfüllung leiblicher Bedürfnisse oder «auf keiner Stufe

[125] Heimo Rau: Gandhi, Reinbek 1970, S. 56 f.

zu ruhen», den Menschen «in dumpfen Drange» weiterzuführen; die *Urteilsfähigkeit*, die eigene Wesenheit zunehmend selbständig in der Stellung zur und in der Welt zu bestimmen, aber sie auch in Frage zu stellen. Das Weiterführende, das darin liegt, bedarf der Sicherung, Stetigkeit, Identität, wo aus innerer Bestimmtheit die Richtung gegeben und der Weg gegangen wird. Das erst schafft Lebensreife. Sie rührt aber – für den Pubertierenden – von einem Zukünftigen her, das erst noch erworben werden muß: der autonomen Ich-Organisation, dem Zentrum der Persönlichkeit. Sie wird erst um das zwanzigste Jahr als unverwechselbare Individualitätskraft verfügbar, wenn nicht zuvor die neu errungenen Seelenkräfte allein auf den eigenen Leib fixiert und zurückgewendet werden. Geschieht dies, so kann sich die Persönlichkeit, die zum Idealen, Geistigen, Transzendenten offen bleiben muß, nicht zureichend entwickeln, sie bleibt gebunden, unemanzipiert, d. h. aber eindimensional auf Lustgewinn fixiert und verliert einen wesentlichen Teil des Menschseins. Waren früher «innengeleitete Menschen» der vorherrschende Typus in der Gesellschaft, die die herrschenden Moralgebote verinnerlicht hatten, so nehmen «außengeleitete» ihre Stellen ein, die sich am Kinsey-Report oder ähnlichem für das eigene Verhalten orientieren[125a]. Autonome, sich ihrer selbst bewußte Menschen müßten indessen das Ziel sein; sie wissen, «daß sie dann auf dem rechten Wege» sind, «wenn das Gesetz, das wir uns selbst geben, weitaus strenger und edler ist als die überlieferte ‹Sitte›.»[125b]

Die Transzendenz und Steigerung in der biographischen Entwicklung sei festgehalten: «Ohne besondere Ichbeteiligung werden Liebespaare vom sexuellen Eros zusammengeführt . . . Beginnen sich in den sexuellen Eros die beiderseitigen Iche einzuschalten, so wirken Gesetze und Kräfte, die über den stimmungshaft wandelbaren . . . Eros hinaus ein Sittliches im weitesten Sinne (Treuer, Verantwortung, Pflicht, echte Teilnahme am Schicksal des Partners) beinhalten (ebd., S. 21).

e) Erotik und Scham

Mit der im Anschluß an die Geschlechtsreife auftretenden Unsicherheit im jugendlichen Verhalten, insbesondere gegenüber dem anderen

---

[125a] Vgl. David Riesmann et al.: Die einsame Masse, Hamburg 1958, rde 72/75.
[125b] Hartmann: a.a.O., S. 43.

Geschlecht, ist ein tieferes Phänomen verbunden, das der Scham und der Erotik.

Betrachtet man das Anziehende, über die Sinne Wirkende zwischen den Geschlechtern genauer, dann läßt sich von der reinen Sexualität eine Schicht abheben, die als Erotik bezeichnet werden kann. Das eigentlich Begierdenhafte kann gleichsam zurückgehalten sein und in der bloßen Wahrnehmung, der «Betrachtung des Schönen» verharren. Dann haben wir es mit dem Bereich des Erotischen zu tun. Sexualität ist an die reine sinnliche Lusterregung geschlechtlicher Art gebunden, sie ist leibhaftig-körperlich, durch sinnliche Erregung des Leibes selbst die Seele ergreifend. Anders dagegen die Erotik mit ihrer von der Wahrnehmung ausgehenden Erlebnisfärbung, die dem «schönen Schein» verhaftet ist.

Darüber wird als weitere Stufe das begierdelose Gefühl der Hinwendung zum anderen, nichts von ihm fordernd, nichts wünschend, als innere Gebärde stehen, die als Liebe bezeichnet werden kann. Zwischen rein seelischer Liebe, wie sie Platon verstand, und Sexualität steht die Erotik mit ihrem «ästhetischen Grundcharakter». «Ästhetischer Sinn hat eine Erlebnisstruktur, wenn er ohne Begierde nach realem körperlichen Genuß oder Besitz auf dem seelischen Einswerden (Einfühlung) mit einem *anschaulichen* Gegenstande beruht, sei er als wirklich oder nur imaginiert gegeben. In jedem ästhetischen Genuß findet eine Art von *unio mystica* zwischen dem Subjektiv-Seelischen und dem Leben des Gegenstandes statt, wobei ich, wenn der Gegenstand selbst nicht als realiter beseelt gelten darf, ihm durch Einfühlung in seine anschauliche Gestalt etwas ‹Seelisches überhaupt› leihe. Aber nur bei Anschaulichem und Bildhaftem kann diese Art der Vereinigung erfolgen.»[126]

Erotik kann sich von Seele zu Seele entfalten und ereignen, wobei die äußere leibliche Erscheinung, also etwas Sinnenhaftes, in der Seele die hingebenden Einfühlungen auszulösen vermag. «Das Entzücken über Schönheit, Anmut oder Kraft des fremden Leibes ist Wurzel der Erotik. Es ist nicht der bloße Leib, etwa die frische Farbe oder Linienführung, sondern es ist *der als Ausdruck einer Seele gesehene Leib*. Die Form der Seele ist es, die im Hindurchschimmern den Leib schön macht» (ebd.).

Als Urphänomen kann also die Schönheit des beseelten Leibes Gefühle der Erotik, des Hinüberschwingens zum anderen auslösen. «Für diese Art des Sehens und Erlebens hat nun die Jugend ein beson-

[126] Eduard Spranger: Psychologie des Jugendalters, 28. Aufl., Heidelberg 1966, S. 82.

ders feines Organ, weil sie selbst jenen Quellen noch nähersteht. Ja sie nimmt die Kraft zu diesem Sehen strenggenommen aus sich selbst. Daher idealisiert sie einfühlend auch das, was nach einem objektiven Tatbestand es vielleicht nicht verdient ... Vielmehr gehört dazu ein Verschmelzen mit anderem Leben, und es scheint, als ob erst in dieser bräutlich-seelischen Umarmung das Ideal erzeugt würde. Auch der seelisch-geistige Zeugungsprozeß beruht also auf dem Prinzip der Dualität ... Wir greifen in das tiefere Weltgeheimnis hinein, indem wir dieses Werden eines konkreten und plastischen Idealbildes aus der Befruchtung der Phantasie in der (zunächst durch das Leibsymbol) vermittelten, rein schauenden Verschmelzung zweier Seelen aufdecken ... In der Seele des Jugendlichen sind Erotik und Sexualität für das Bewußtsein zunächst schroff geschieden» (ebd., S. 83).

Wir haben also zwischen der Verehrung, der Hingabe – der frei schwingenden Liebe – einerseits und der reinen Sexualität zu unterscheiden. Als Mitte hält die Erotik die Waage: Hingabe an einen vorangeschrittenen Menschen, die auf der Wahrnehmung seiner Persönlichkeit aufbaut und als Liebe zum lebendigen Schönen, zum beseelten Schönen entgegentritt. Dies kann sich so weit entwickeln, daß es Liebe der reinen seelischen Schönheit, wie sie Platon gelehrt hat, wird. «Der Eros zur leiblichen Schönheit ist ein Ergriffensein vom Bild quellender Jugendlichkeit ... Zunächst die Einfühlung in den Rhythmus, die Form und die totale Beseeltheit der Erscheinung; sodann etwas von der Dankbarkeit und Bewunderung für die schaffende Natur und daß *sie* dies hervorbringen konnte ... Also ist es doch schon auf dieser Stufe eine geahnte Geistigkeit der Natur, die geliebt wird. Das Schöne empfängt für den Liebenden einen Offenbarungscharakter. Ein religiöser Ton schwingt mit» (ebd., S. 86). Das Gefühl des Schwärmens geht von der Erotik aus, und so kann es nicht verwundern, daß auf dieser mehr seelischen Ebene, wo nicht der eigene Ich-Impuls angesprochen ist, sich allem Beseelten dieses Gefühl zuwenden kann, der Natur, aber auch der anderen verwandten menschlichen Seele. Schon in der Pubertät keimt das auf: Wir haben da zunächst Knabenfreundschaften und Mädchenfreundschaften, d. h. also Freundschaften unter Gleichgeschlechtlichen zu konstatieren, aus denen Homoerotik oder Autoerotik werden kann. Dies wandelt sich dann bald in eine Hinwendung und Schwärmen für das andere Geschlecht. Aber Erotik ist nicht an Geschlechtsunterschiede gebunden, sie selbst hat auch keinen Berührungswunsch. Es wird aus der

Ferne geschaut und bewundert. So hat das erotische Gefühl die Möglichkeit, sich zur idealen Liebe hin zu erheben. Das heißt aber auch, daß es dann in der Liebe zum Ideal, zum Geist sich aufzuheben vermag. Dies ist die Liebe, wie sie Platon beschreibt.

Andererseits aber kann sie sich auch der Sexualität, also sowohl Trieb wie Begierde, zuwenden. Das sexuelle Erwachen erfolgt für das eigene Bewußtsein oft ruckartig. «Es wäre denkbar, daß *diese* vita nuova, zumal sie doch mit starken Lustgefühlen verbunden auftritt, nun auch erlebt würde als ein Quell reinster Seligkeiten; man möchte voraussetzen, daß von dieser Seite aus ein wohltuendes, ja verklärendes Licht über das ganze Leben ausstrahlte. Das ist nun keineswegs der Fall. Sondern das erste Gefühl, mit dem die Hülle zu diesem ‹Geheimnis› hindurchstoßen wird, ist *Grauen und Entsetzen* . . . Einfach der Blick ins Naturhaft-Metaphysische selbst, der hier erfolgt, ist so düster gefärbt . . . Es gibt überall Naturen von so geringer Erlebnistiefe, daß sie nur die rein sinnliche Lust verspüren und auf das Mitschwingen ihrer Seele dabei gar nicht achten» (ebd., S. 105).

In anderer Weise läßt sich dieses verschiedentlich angesprochene Thema nochmals, bis an die Grenze der Erfahrung getrieben, so aussprechen: Die erlebte Lust in erotischen Beziehungen ist ein Begleitthema, nicht Sinn und Ziel der sexuellen Vereinigung von Lebewesen. Die erlebte «‹Wollust› (bei Menschen der sogenannte ‹Orgasmus›) ist . . . dem Sterben geheimnisvoll verwandt. Denn eine Zweiheit und Getrenntheit stirbt hinein in eine Einheit . . . Wollte man hier von ‹Lust› sprechen, so müßte man sie zugleich ‹tiefstes Leid›, ‹Vernichtungs-schmerz› nennen, die freilich . . . alsbald zu einer Auferstehung führen. Nicht als Lust oder Glück, sondern als geheimnisvolles ‹Stirb-und-Werde› haben den Eros zu allen Zeiten wahre Dichter und Mystiker empfunden. Würden die heutigen Menschen den ‹Orgasmus› nicht lediglich als oberflächlichen Nervenkitzel, sondern als Nähe einer Gottheit erleben, so könnten sie ihn nicht so einfach als ‹Glück› bezeichnen und erstreben.»[126a]

Bloße Sexualität vermittelt nicht das Erlebnis einer Neugeburt, sondern eher das Gegenteil. Sie ist etwas Verlockendes und Entsetzliches zugleich. Nimmt man dem Sexuellen den Schleier des Geheimnisses, den seelischen Reiz, die Erotik, «so bleibt etwas, das so alltäglich ist wie

---

[126a] Hartmann: a.a.O., S. 35.

Essen und Trinken oder andere körperliche Bedürfnisbefriedigungen . . .
Während das Erotische in die apollinische Lichtseite emporweist, scheint
das Sexuelle in die dionysische Nachtseite hinabzuführen. Erst wo *beides*
restlos eins wird, ist es anders. Das bloße Erwachen zum Sexuellen aber,
beim Jugendlichen noch losgelöst von der Erotik, ist Aufbrechen düste-
rer Geheimnisse . . . Die tiefere Scham erwacht zugleich mit der neuen
Erlebnisrichtung.»[126b]

Aus diesem nicht leicht zu bewältigenden Erlebnis der eigenen
Geschlechtlichkeit und des damit verbundenen Geheimnisses entsteht
die Heimlichkeit, das heißt aber auch: die Scham. Sie macht es, daß
vorzeitiger Geschlechtsverkehr «verhältnismäßig selten eine solche
unmittelbare Wirkung des Geschlechtstriebes» ist; dagegen bietet nämlich die «Schamhaftigkeit der jungen Seele» genug Schutz, «wenn nicht
andere Faktoren antreibend mitwirkten» (ebd., S. 111). Das sind Grup-
pennormen, Ehrgeiz, sich selbst unter Beweis zu stellen, Stimulanz
durch Ältere – so vor allem bei Knaben –, dann aber bei Mädchen
Hinweise durch Freundinnen, die «das Leben kennen», Putzsucht,
Eitelkeit usw. Der Geschlechtstrieb ohne die Erotik ist in dem frühen
Jugendalter noch vielfach «ganz undurchseelt bei seiner Objektwahl».
So kommen Tiefenschichten zum Vorschein, die vom Reinen abführen.
«In der Menschenseele liegen unter den höheren und reinen Schichten
kräftige Schmutzregionen» (ebd., S. 114 f.).

Nun ist die von Spranger gemachte Unterscheidung, die durchaus
etwas Überzeugendes für sich hat, nicht unwidersprochen geblieben. Sie
wurde als die durchgängige seelische Polarität gedeutet, die sich in der
Trennung von Eros und Sexus als Spezialfall manifestiert. Diese Polarität, von uns mit dem Begriffspaar der Sympathie und Antipathie gefaßt,
wird als Heftigkeit (Intensität) und Tiefe (Extensität) verstanden. Das
Sexuelle ist «relativ uneinheitlich auf lokalisierbare Triebziele aus,
dementsprechend isoliert und isolierend, abrupt und diskontinuierlich»;
erotisches Verhalten ist dagegen eher ganzheitlich, «ja ganzmachend,
kontinuierlich, allem allzu Abrupten und Exponierten abhold, im wört-
lichen wie im übertragenen Sinne einhüllend und auf Dämpfung aus»[127].

Trotz dieser berechtigten Differenzierungen wendet sich die seelische
Kraft des Begehrens in der Erotik stärker der sinnlichen Erscheinung zu,

---

[126b] Spranger: a.a.O., S. 106.
[127] Gemeint ist: die Trennung ist eine durch das Ich bewirkte, nicht eine
naturgegebene. – W. Fischer: a.a.O., S. 113.

richet sich also auf die Empfindung (Seelenleib); in der Sexualität dagegen mehr auf die körperverhafteten Triebe (Lebensleib). Die Seele wird dadurch im einen Fall (Erotik) wie zur Schwebe veranlaßt, im anderen («Sexus») stärker in einen Begierden*sog* gerissen.

Daß diese tieferen Regionen, die außerordentlich triebstark sind, nun auch intensiv gefühlt, erfahren werden, kann den Jugendlichen, wie jeden Menschen, bedrücken. Die Bedrückung geht aus von dem Schamgefühl. Was hat es mit dieser Scham auf sich? Goethe spricht in den «Wanderjahren» (II/9): «Ich habe mich durchaus überzeugt, das Liebste – und das sind doch unsere Überzeugungen – muß jeder in tiefstem Ernst bei sich selber bewahren. Jeder weiß nur für sich, was er weiß. Und das muß er geheimhalten . . .» Diese Qualität der Geheimhaltung erlangt in der Reifezeit eine neue Dimension. Läßt sich Scham als «anerzogene Unlustreaktion» bezeichnen, die durch die Verletzung der Intimsphäre zustandekommt, so müßte ja das nur Anerzogene, was viel an Verletzlichkeit verursacht, durch Erziehung auch wieder zu bereinigen sein. Doch das Sich-innerlich-Zurückziehen, Sich-Verbergen und im Gefolge damit die Unsicherheit gehen aus von eben dem Schamgefühl, das tiefer verankert ist. Es kommt aus der menschlichen Natur, nicht aus der Erziehung. Das Gefühl der «Nacktheit», das dahin führt, sich verbergen zu wollen, wie es in der Genesis geschildert wird, ist nicht anerzogen, sondern hängt mit der eigenen Bewußtwerdung zusammen, mit der Erkenntnis von Gut und Böse, die in der Reifezeit auftritt, mit der Urteilsfähigkeit. Im Jugendlichen wird zur Zeit der Pubertät «in einer den ganzen Menschen in Anspruch nehmenden Weise das Schamgefühl (sichtbar). Das Schamgefühl ist dasjenige, was die ganze Menschennatur durchzieht; das Schamgefühl, das darin besteht, daß der Mensch fühlt: er muß jetzt etwas in sein individuelles Dasein hineinnehmen, was er der Welt nicht enthüllt; er muß Geheimnisse in sich tragen . . . und das tritt bis in die allerunbewußteste Phase des seelisch-geistigen Lebens hinein auf»[128]. So ist zu beobachten, daß Kinder, die sich bisher ungeniert nackt zeigten, sich nunmehr verhüllen, im Zimmer abschließen, sich absondern usw.

Nun könnte eingewandt werden, daß gegen die «angeborene» Schamhaftigkeit – zumindest für einen Aspekt der Scham, die sexuelle – doch gerade Naturvölker einen Gegenbeweis lieferten. Dies ist uns allenfalls

---

[128] R. Steiner: a.a.O., GA 302, 16. 6. 1921.

nur Zeichen dafür, daß hier die Intensität der eigenen Bewußtwerdung weniger stark abläuft, daß der einzelne sich bei aller Reifung im Gesamtverband geborgen weiß, während für das Selbsterlebnis des Jugendlichen in Industriestaaten die Trennung zwischen eigenem Subjektempfinden und der Objekthaftigkeit der Umwelt, aber auch des eigenen Leibes viel bedrängender auftritt.

Die Scham hat ihren Ursprung in der Art, wie leiblich-seelische und geistige Kräfte innerhalb des einzelnen Menschen in eine Beziehung zueinander treten. Das aber erschließt sich nur einer bewußten und strengen Selbsterkenntnis, nicht bloßer akademischer Reflexion. «Dringt der Mensch in sich selbst und hält er sich ohne Täuschung diese oder jene seiner Eigenschaften vor, so wird er entweder in der Lage sein, sie an sich zu verbessern, oder aber er wird dies in der gegenwärtigen Lage seines Lebens nicht können. In dem letzteren Fall wird seine Seele ein Gefühl beschleichen, das man als Gefühl des Schämens bezeichnen muß. So wirkt in der Tat des Menschen gesunde Natur: Sie empfindet durch die Selbsterkenntnis mancherlei Arten des Schämens.»[129]

Die Scham hängt also damit zusammen, daß im Menschen ein Quell des Bewußten, aber Unvollkommenen, Unzureichenden ist, nämlich seine Seele, die Erfahrungen macht gegenüber einem in sich weisheitsvoll geordneten Vollkommeneren, dem sie nicht adäquat ist: der Leiblichkeit und der Lebensorganisation. Wird sie dessen inne, so beginnt das Gefühl der Scham aufzukeimen, und zwar mit den Reifevorgängen und der Ausbildung der Urteilskraft als Scham im geschlechtlichen Bereich[130]. Diese Scham entsteht, wenn die unvollkommenen Kräfte der Seele den reifen Körperfunktionen gegenübertreten, wo also das innerlichere – die Seele – das objektivere, äußerliche – den Leib – gewahr wird und in der halbbewußten Wahrnehmung die eigene Schwäche und Unzulänglichkeit erlebt. Dieses natürlich auftretende Gefühl kann nun in zweifacher Weise verzerrt werden durch Kultur und Erziehung: in Richtung des ekklesiogenen Sündenbewußtseins und in Richtung der Schamlosigkeit. Und damit sind wir bei der Erziehungsaufgabe innerhalb des Jugendalters angelangt.

---

[129] R. Steiner, Die Geheimwissenschaft im Umriß, GA 13, S. 378.
[130] Vgl. Wolfgang Schad, Die Scham, a.a.O. dem wir vorstehend teilweise gefolgt sind. Vgl. auch unten S. 137.

3. Pädagogische Konsequenzen

a) Unterrichtsinhalte

Wer auf dem Gebiet der Geschlechtlichkeit erziehen will, bedarf selbst eines Verständnisses der Sexualität. Wenn man weiß, daß das jugendliche Verhalten für Beeinflussungen durch Gleichaltrige oder geringfügig Ältere besonders empfänglich ist, so erkennt man die Gefahr, wie leicht Normierungen zu vermitteln sind, die sich als «fortschrittlich» geben. Was sich als Freiheit, als Befreiung darstellt, nämlich über mögliche Schamhemmungen hinwegzuhelfen, kann einen Eingriff in den Bereich des tiefsten Inneren bedeuten. In diesem Alter zieht sich der junge Mensch in sich zurück, errötet oder erblaßt leicht, wird durch den Einbruch in seinen innersten, intimen Bereich leicht verletzt, peinlich berührt. Als Schutzwall wird dagegen eine sichere Mauer aufgebaut: die oft sehr vulgäre Gruppensprache; schwadronierendes Heldentum, übersteuertes Verhalten – Zeichen für die fehlende Selbstsicherheit wie für das noch nicht erreichte Gleichgewicht.

Das, was in dem jugendlichen Innern geschieht, sollte der Lehrer zwar kennen, es aber «unter den Linien des Lebens» lassen, d. h. wissend übersehen, allenfalls indirekt berühren. Wo es jedoch notwendig ist, kann selbstverständlich auch der Bereich der Geschlechtlichkeit angesprochen werden. «Jugendliche erwarten, daß die eigentlichen sexuellen Probleme und Fragen im Unterricht angesprochen werden ... Wenn sich die Schule auf die funktionalen Zusammenhänge beschränkt, stößt dies auf Widerstand der Schüler. Jugendliche erwarten mehr und mehr auch Orientierungshilfen und Wertmaßstäbe.»[131] Diese vermag sowohl der Jugendliche wie auch der Lehrer zu gewinnen, wenn er sich anthropologisch und kultursoziologisch mit Gesellungsformen und Verhaltensweisen unterschiedlicher Kulturen beschäftigt. Das ist eine pädagogische Aufgabe, die davon ausgeht, Weltinteresse zu erwecken und eine reichhaltige Welterfahrung zu vermitteln. Dieser Weg mag ein indirekter, aber heilsamer in den Nöten der Pubertät sein.

Ein Beispiel dieser Betrachtung, die sowohl Geschichtliches, Biologi-

---

[131] Janzig: a.a.O., S. 90. Es ist für Lehrer eine wiederholt zu machende Erfahrung, daß im Religionsunterricht zur Biologie, im Biologie-Unterricht zur Ethik des Geschlechtlichen gefragt wird, wobei sich die Jugendlichen zu versichern scheinen, wie der Mensch, nicht der Fachmann, dazu steht.

sches als auch Wertsetzungen umgreift, kann so vorgehen (im Anschluß an den Zusammenhang der geistig-seelischen Abhängigkeit und der Leiblichkeit in der 9. und 10. Klasse), daß sie den Menschen morphologisch vergegenwärtigt. An ihm fällt die Dreigestalt von Kopf, Rumpf und Gliedmaßen auf. Diesen drei Bereichen entsprechen jeweils bestimmte physiologische und auch psychische Prozesse, die Steiner in ihrer Dynamik bereits in der Wortwahl zu fassen sucht[132]. So wird das *Nerven-Sinnes-System* mit seinem Zentrum in der Hauptesregion gebildet von Gehirn, Nerven und den Sinnesorganen. Das eigentliche Nervenzentrum liegt innerhalb der Schädelkapsel im Gehirn, die Sinnesorgane dagegen an der Körperperipherie, und die wichtigsten Organe ragen wie Golfe der Außenwelt in den Leib hinein. Zwischen den beiden Zentren, Gehirn und Sinnesorganen, liegt nun – morphologisch deutlich zu unterscheiden – das System der Lufthöhlen und der Sprachorganismus. Kehlkopf und Höhlen sind wie die Mitte zwischen dem umweltzugewandten Sinnessystem und dem Nervensystem, das im Innern z. B. auch die Sinneseindrücke verarbeitet.

Betrachtet man die polare Organisation im Bereich des unteren Menschen, so ist sie gleichfalls gegliedert in eine auf die Welt hin orientierte Gestaltung, welche sich in den Gliedmaßen manifestiert, und in eine, deren Funktion in der Erhaltung des Organismus, in Stoffwechsel und Verdauung zu sehen ist. (Rudolf Steiner nennt diesen Funktionskomplex das *Stoffwechsel-Gliedmaßen-System*.) Hier die Wendung zur Tätigkeit in der Außenwelt, dort Tätigkeit und Prozesse zur Selbstversorgung im Innern. Zwischen beiden Polen eingegliedert, wiederum eine Mitte bildend, die geschlechtliche Organisation; sie ist in deutlicher Weise polar – nach dem Geschlechte – gebaut. Beim weiblichen Organismus wird die Fortpflanzungsorganisation stärker in die Bauchhöhle hereingenommen und dadurch geformt, während die männliche Organisation entsprechend vom umweltgeprägten Charakter der Gliedmaßen gestaltet wird.

Zwischen dem oberen und unteren System liegt das eigentlich mittlere der Atmung und Blutzirkulation mit den Organzentren Herz und Lunge, von R. Steiner als *Rhythmisches System* bezeichnet. Hier gibt es nun nicht wie im oberen und unteren System eine zwischen Atmung und

---

[132] Vgl. grundlegend Lothar Vogel: Der dreigliederige Mensch, Morphologische Grundlagen einer allgemeinen Menschenkunde, Dornach 1967; Hinweise zur morphologischen Dreigliederung Wolfgang Schad: a.a.O.

Herzschlag vermittelnde Organisation, vielmehr gehört gerade das Zusammenspiel beider Pole, von Herz und Lunge also, der rhythmische Prozeß konstitutiv zu seiner Mitte. Schematisch lassen sich die Funktionen und ihre Organgrundlagen so darstellen:

umweltorientiert		«Mitte»	*organismusorientiert*
Haupt	Sinne	Sprachorganismus	Nerven/Gehirn
Brust	Lunge	Rhythmik	Herz
Unterleib	Gliedmaßen	Geschlecht	Stoffwechsel

männlich   weiblich

Was sich so in leiblicher Gestaltung ausprägt, hängt nun nicht nur mit somatischen Prozessen und Funktionen zusammen, sondern eben auch mit seelischen und vor allem geistigen, nämlich Bewußtseinsvorgängen. Damit ist aufgezeigt, wie die geistige Natur des Menschen sich in der physischen ausdrückt und gleichzeitig sich offenbart.

Es kann hier nur die «Mitte» betrachtet werden und zwar nur soweit, wie dadurch etwas vom Wesen des Geschlechtlichen erhellt wird. Denn es ist für eine genauere Betrachtung rasch deutlich, daß zwischen den mittleren Organisationen von Sprache und Geschlecht durchaus ein Zusammenhang besteht, aber auch mit der rhythmischen Mitte. Doch worin besteht er? Von den Organvorgängen her gesehen darin, daß sich hier elementare und vitale Prozesse des Schöpferischen, des «Zeugenden» – jeweils in ganz spezifischer Weise – auswirken, die dem Bewußtsein und damit dem menschlichen Zugriff nicht willkürlich zugänglich sind. Von einem anderen Gesichtspunkt aus betrachtet zeigt sich, wie die Organgrundlagen der Mitte in ganz ursprünglicher Art soziale Bildungen schaffen können, indem sie durch ihre Funktionen und was damit zusammenhängt, eine bestimmte Gruppierung der sozialen, d. h. mitmenschlichen Beziehungen hervorrufen.

a) Daß der Sprache schöpferische Kraft zukommt, ist immer gewußt worden; gewußt werden kann auch, daß ihr – als dem menschlichen Verständigungsmittel katexochen – die Eigenschaft zukommt, die Menschen sozial zu verbinden. Besonders jene, welche die gleiche Sprache sprechen, erleben durch die Sprache ihre Zusammengehörigkeit und Gemeinschaft. Dieses Erlebnis führte die Griechen dazu, jeden als Barbaren (= Krächzer) zu bezeichnen, der nicht ihre «gepflegte» Ausdrucksweise beherrschte, sogar die Makedonen. In den vielfältigen Gegensätzen zwischen den Stämmen und Städten war die Sprache letztlich das einzig Verbindende zwischen den Griechen, sie stellte gleichsam eine makro-soziologische Struktur ganz elementar her.

b) Wie die reiche Empfindungswelt mit den Vorgängen der rhythmischen Mitte zusammenhängt, wird klar, wenn man an die Sippen- und Stammesverbände denkt, die sich auf die blutsgebundene Verwandtschaft stützen. Denn alle Stammeszugehörigkeit wird – wie heute noch in orientalischen Großfamilien – neben der Werteinstellung biologisch abgesichert: die Blutähnlichkeit, auf Nahehe aufgebaut, gewährleistete ein ähnliches Erleben gegenüber denselben Erscheinungen. Mythisch-bildhaft wird dieser Tatbestand, der bis in die Psychologie sich abspiegelt, geschildert in der unbewußten Suche und der Vereinigung in der Geschwisterehe, so bei Siegmund und Sieglinde in der Siegfried-Sage.

c) Das Schöpferische der Geschlechtsorganisation ist für das menschliche Bewußtsein verborgen, deutet sich aber in der Bezeichnung der biologischen Vorgänge an, wenn da von Zeugung, Fruchtbarkeit, Fortpflanzung, Reifung und Gebären gesprochen wird. Gerade der Trieb, welcher sich jeweils auf das andere Geschlecht richtet, auf den Partner, schafft soziale Bindungen, die aber gegenüber der Tierwelt beim Menschen ihre Besonderheit aufweisen. Der Mensch ist – gemessen am weisheitsvollen instinktgesteuerten Verhalten der Tiere – nahezu instinktlos; er wird, wie Gehlen es nennt, als nicht festgestelltes Wesen geboren, das erst im Lernvorgang das erwerben muß, was das Tier unmittelbar angeboren hat.

«Von dem in seiner Auslösung, seinem Ablauf und seinem Gattungszweck instinktgesicherten Sexualverhalten der Tiere ... unterscheidet sich die biologische Situation des Menschen in zwei wesentlichen Merkmalen ... in einer weitgehenden Instinktreduktion, die mit der Bildung eines sexuellen Antriebsüberschusses Hand in Hand geht, und in der Ablösbarkeit des sinnlichen Lustgefühls vom biologischen Gattungszweck, womit die Lust als ein neuer Zweck des Sexualverhaltens unmittelbar intendierbar wird.»[133]

So fehlt den Menschen der jahreszeitliche Rhythmus der sexuellen Antriebe (Brunstzeiten); ferner kann durch die Daueraktualität des Geschlechtstriebes ein Antriebsüberschuß an sexuellen Energien entste-

[133] Schelsky: a.a.O. Vgl. Siegfried Keil: Sexualität – Erkenntnisse und Maßstäbe, Stgt. und Bln. 1966, S. 16 ff.

hen, der sich nicht ganz in sexuellen Verhaltensweisen erschöpfen kann. Während also einerseits der Mensch durch Instinktreduktion dem «Zwang der Umweltgebundenheit und Instinktstarre entronnen ist, kann und muß er über seine Antriebe in bewußten Handlungen verfügen». Bei einer «fast universalen *Plastizität* (Gehlen) des menschlichen Sexualverhaltens» ist das menschliche Triebleben auf «kulturelle Führung und Regelung angewiesen», wie die philosophische Anthropologie herausgearbeitet hat. Indem nun die sexuellen Verhaltensweisen gesellschaftlichen Forderungen unterworfen werden, tritt die soziale Norm an die Stelle der Instinktunsicherheit. «Die kulturelle Überformung der sexuellen Antriebe gehört sicherlich ... zu den ursprünglichen Kulturleistungen und Existenzerfordernissen des Menschen ... ja, es spricht nichts dagegen, in dieser Regelung der Geschlechts- und Fortpflanzungsbeziehungen des Menschen die primäre Sozialform alles menschlichen Verhaltens zu erblicken.»[134]

Die Normierung des Sexuellen durch die Gesellschaft ist so mannigfaltig wie die geschichtlichen Gesellschafts- und Religionsformen selbst, sie ist mithin nicht ein absoluter Wert, sondern unterliegt der historischen Relativität. «Aber nicht die Erkenntnis der kulturellen ‹Relativität›, d. h. der Bezogenheit des geschlechtlichen Verhaltens auf die geschichtlichen Bedingungen der jeweiligen Kultur, mindert und erweicht heute die sexuelle Moral, sondern viel mehr die wenig anerkannte Tatsache, daß an die Stelle der in ihrer Gültigkeit erschütterten religiös-metaphysischen Maßstäbe der *Dogmatismus und Absolutismus des ‹Natürlichen› im Sinne der Biologie als soziale Norm zu treten beginnen.* Die Beliebigkeit des sexuellen Verhaltens und Bewertens findet ihre grundsätzliche Rechtfertigung in der biologischen Variabilität und Plastizität der natürlichen Anlagen, während die Tatsache der kulturell bedingten Unterschiede sozialer Regulierungen nur zur nachträglichen Begründung benutzt wird. Dabei liegt der biologische Dogmatismus unseres Zeitalters nicht darin, daß die Verknüpfung von hochgeistigen, künstlerischen und sozialen Leistungen einerseits und den triebhaft-biologischen Anlagen und Bedürfnissen des Menschen andererseits erkannt wird, sondern darin, daß mit der Erkenntnis dieser Abhängigkeit aller Handlungsformen vom Biologisch-Vitalen jede sie einengende und disziplinierende soziale Formierung als widernatürlich

---

[134] Schelsky, ebd., S. 11 f.

abgewertet und die Variabilität der leiblichen Anlagen und Antriebe oder die Krankheitserscheinungen als soziales Recht verfochten werden» (ebd., S. 49). So stehen sich die Forderungen nach freier, «unbehinderter Entfaltung der Liebesfähigkeit» einerseits und die nach weiterer Normierung sexuellen Verhaltens andererseits gegenüber. Wobei die letztere davon ausgeht, daß in der «Askese, besonders in der geschlechtlichen, sich der Mensch eine der Trieberfüllung entgegengesetzte Antriebskultur schafft, deren Bestand ... Grundlage aller höheren sozialen und kulturellen Organisation» ist (ebd., S. 95).

Es kann auffallen, daß offenbar die biologische Grundlage der Geschlechtlichkeit insofern das Seelische des Menschen beeinflußt, als dieses wiederum aufgerufen wird, an eine höhere Instanz, das Ich, zu appellieren, die biologischen Grundlagen selbst zu formen. Eine Art von Ich im Äußeren, ein «zweites gesellschaftliches Ich» (bei Freud: Über-Ich) bildet die Normen, die so eine Eigenleistung zu ersetzen vermögen. Wird dieses Normgefüge geschwächt oder beeinträchtigt, dann kann nur das reife eigene Ich wirklich steuern, oder es geschieht eine Regression: die biologische Grundlage selbst schlägt ungeformt bis in die Handlung durch.

So fällt also im Blick auf die vergleichende Völkerkunde auf, daß zwischen Ichhaftigkeit und Ausbildung der Schamhaftigkeit ein greifbarer Zusammenhang besteht. «Je bewußter der Mensch ist, desto ängstlicher hütet er das Geheimnis seines Geschlechts ... Die Erkenntnis schafft für den Menschen jene Verinselung des Ichbewußtseins, die ihn von den tragenden Kräften der Natur löst und Selbstverantwortlichkeit verlangt. Der erkennende Ichmensch schließt sich von der Fülle des Paradieses ab ... Wir geben unsere Inselstellung nur dann auf, wenn wir uns mit dem anderen zu einer naturhaften Einheit paaren. Dann schwindet auch unser Schamgefühl; ja die Darbietung des Geschlechtes erlangt hier Formen, wie wir sie als dauernd bei Urvölkern finden, die in stetem Austausch mit dem anderen, im echten Kollektiv leben und deren Bewußtsein magisch-mythisch genannt werden darf.»[135] Der selbstbewußte Mensch hat sich selbst zu führen. «Je tiefer wir in die Natur hinabsteigen, desto höher muß unsere Vernunft sein; und die wahrhaft Großen vereinen schärfere Gegensätze als die Mittelmäßigen ... Genies sind immer starke Triebmenschen ... Aber wenn der triebhafte Mensch

---

[135] Frieling: a.a.O., S. 31.

im Kollektiv wurzelt, entgeht er der Gefahr der Entartung. Die primitiven, magisch denkenden und noch nicht ich-betonten Völker sehen keine Verletzung des Gefühls darin, sich nackt zu zeigen» (ebd., S. 32).

Gerade dann aber, wenn die Zentrierung einer Kultur auf den einzelnen beginnt, wie dies seit der Renaissance, dann im Barock sowie mit der Französischen Revolution, im Liberalismus, in der Gegenwart in immer neuen Schüben geschah, werden jene Triebkräfte freigesetzt, die sich auch durch das Selbst als rein natürliche in den Dienst nehmen lassen. Wir meinen: die Organgrundlage der Mitte bietet Anregungen, die einerseits das Ich in seiner Vernunft zur schöpferischen Gestaltung aufrufen können, die aber auch dazu verwandt werden können, das Selbsterleben zu steigern und sich sogar gegen das Gemeinschaftliche, dem sie entstammen, zu wenden. Die sozialbildende Kraft der Sprache, des blutvollen Lebens, der Geschlechtlichkeit ist dann nicht mehr nur etwas die Gemeinschaft Durchsetzendes, sondern sie wird von einem oder einer Gruppe aus selbstbezogenem Interesse in den Dienst genommen, um Herrschaft zu erlangen und auszuüben. Schon ein flüchtiger Blick auf Sprache und «blutvolles Erleben» kann dies illustrieren.

a) Was geschieht, wenn das, was elementar aus der Sprachorganisation an Sozialstruktur erwächst, dadurch verändert und umgebogen wird, daß sich individuelle oder Gruppeninteressen der Sprache bemächtigen? Dadurch entstehen «Idole», wie sie Bacon nennt, es sind durch Seinsgebundenheit hervorgerufene Verfälschungen der Wahrheit: Ideologien oder Utopien[136], mithin Vorstellungen, die für und über eine Gemeinschaft gebildet werden, aber einem «falschen Bewußtsein» entspringen, einem falschen Bewußtsein deshalb, weil es sich durch Interessenbindungen überformen läßt.

b) Was entsteht, wenn in das, was aus dem *Blut- und Atemgeschehen* an elementarer Gemeinschaftsbildung hervorgeht, ein bestimmter Gruppenegoismus eingreift? Dann bildet sich aus der Nationalismus oder in seiner gesteigerten Gestalt der Rassismus. Rudolf Steiner äußerte sich dazu folgendermaßen: «Es ist dieselbe Kraft, die in der Fortpflanzung liegt, die auch im nationalen Pathos sich äußert»[137], und «Der Nationalismus ist eine Blüte des Wachstums des einzelnen Menschen, der

[136] Vgl. die ausführliche Darstellung in Stefan Leber: Selbstverwirklichung, Mündigkeit, Sozialität, Stgt. 1978, S. 116 ff.
[137] Vorträge am 5. 1. 1918, GA 180: Mysterienwahrheiten und Weihnachtsimpulse – Alte Mythen und ihre Bedeutung, Dornach 1965.

gemeinsamen Blutes mit seinem Stamme oder durch eine andere Zusammengehörigkeit an sein Volk gebunden ist ... Es sind zwei Quellen in der menschlichen Natur, die dem Nationalismus und dem Internationalismus zugrunde liegen. Der Nationalismus ist die höchste Ausbildung des Egoismus.»[138]

c) Was die Sexualisierung an reiner Triebentbindung anstrebt – ist es tatsächlich eine Entfaltung der Liebesfähigkeit? Versteht man unter Liebe, daß ein Wesen um seiner selbst willen geliebt wird und nicht deshalb, weil man selber Eigenschaften hat, die sich befriedigt fühlen, wenn man dies oder jenes Wesen «liebt»[139], dann kann selbstverständlich sexueller Lustgewinn meilenweit von Liebe entfernt, aber sehr eng mit dem Egoismus verwandt sein. Entbehrt aber die Sexualität der Liebe, unterliegt sie dem Egoismus, was geschieht dann innerhalb der Sozialordnung?

Sind Ideologien und Nationalismen die Folge, wenn der menschliche Egoismus elementare Sozialformen ergreift und umformt, dann ist zu fragen, was durch eine weitgehende Sexualisierung der Kultur geschehen wird, falls diese tatsächlich stattfindet. Dabei ist zweierlei zu bedenken: einmal stehen gewaltige Barrieren durch heute noch wirksame gesellschaftliche Kräfte, die auf eine Erhaltung des Bestehenden abzielen, der Sexualisierung entgegen, die, zum Teil institutionalisiert, ihr widerstehen. Dennoch müssen zum anderen wenigstens in der Überlegung die Konsequenzen gezogen werden, falls die Sexualisierung bei gegebenem Bewußtseinsstand sich verbreiten und damit erstmals die Sexualität selbst eine naturhafte, elementare Sozialform schaffen würde, die aber nun nicht, gleichsam wertneutral, sympathisch hingenommen, sondern dem egoistischen Zugriff offenstünde.

Wo beim Tier die Steuerung durch Instinkte auftritt, herrscht beim Menschen Antriebsüberschuß, mit Instinktreduktion gepaart, und bedarf der kulturellen Überformung. Aber indem die «neue Moral», wie schon zitiert, die «Kultivierung des Menschen» darin sieht, daß die «Sexualität aus dem rein naturhaften Prozeß herausgenommen und kulturfähig gemacht wird»[140], vollzieht sich das, was R. Steiner mit folgenden Worten beschreibt:

138 In: Soziale Zukunft, 30. 10. 1919 GA 328 Bern 1950, S. 200.
139 Vgl. R. Steiner: Die Geheimnisse der Schwelle, GA 147, Dornach 1960, Vortrag vom 25. 8. 1913.
140 Kentler: a.a.O.

«Es wird der Mensch nichts wissen und nichts wissen wollen von einer geistigen Welt. Er wird immer mehr und mehr nicht nur lehren, daß die höchsten sittlichen Ideen des Menschen nur höhere Ausgestaltungen der tierischen Triebe sind, er wird nicht nur lehren, … daß … (der Mensch) seiner ganzen Wesenheit nach vom Tier abstamme, sondern der Mensch wird mit solcher Anschauung Ernst machen und so leben … (Er wird) heruntersinken in die bloßen tierischen Triebe und tierischen Leidenschaften, … in eine zwecklose Sinnlichkeit.»[141]

Nachdem Ideologien und Nationalismen in unserer Zeit geschichtlich wirksam wurden, kann vielleicht geahnt werden, was geschieht, wenn elementare Sozialordnungen aus einem verkürzten Menschenverständnis egoistisch geschaffen und ergriffen werden. Einen Einblick in diese Sozialform, die von ihren Verfechtern als humanitär u. a. mehr bezeichnet wird, kann die Verhaltensforschung, die heute ja gerne zur Erschließung menschlichen Verhaltens das Tier heranzieht, geben; obgleich hier die nur bedingte Richtigkeit der Übertragung einschränkend betont sei.

«Der amerikanische Psychologe Professor John B. Calhoun sperrte zwanzig männliche und zwanzig weibliche Ratten in ein tausend Quadratmeter großes Gehege und machte es ihnen zu einem wahren Schlaraffenland. Nach 27 Monaten hätten sich die Nager auf etwa 5000 vermehren müssen. Raum und Nahrung hätten das ohne weiteres zugelassen. Stattdessen lebten in diesem Gehege aber nur 150 erwachsene Ratten – eine Zahl, die sich auch später nicht mehr wesentlich veränderte.

Wie ist das zu erklären? Sobald die Bevölkerungsdichte einen Grenzwert überschreitet, verfallen die sonst überraschend guten Sitten dieser Tiere. Männchen vergewaltigen die Weibchen. Diese bauen keine Nester mehr, sondern bringen ihre Jungen auf hartem Boden zur Welt, werfen sie bei nächster Gelegenheit fort und kümmern sich nicht mehr um die schreienden Kreaturen. Schließlich werden die Kleinen von herumstreunenden Männchen gefressen. Die Folge: eine Kindersterblichkeit von 96 Prozent, eine Müttersterblichkeit von mehr als 50 Prozent und vorzeitiger Tod vieler Männchen durch Streß, totale Erschöpfung oder Zweikampf mit tödlichem Ausgang. Und dies alles, obgleich noch für alle Futter und Platz genug vorhanden ist! …

Zeuge ähnlicher Ausschreitungen wurde der Wiener Verhaltensfor-

---

[141] R. Steiner: GA 108, S. 249 f.

scher Professor Otto Koenig (der die Auswirkungen des Wohlstands untersuchen wollte) ... Er bereitete seiner Kuhreiherkolonie durch ständigen Nahrungsmittelüberfluß den Himmel auf Erden. Aber es wurde die Hölle. Die soziale Ordnung und das Familienleben der schneeweißen Reiher geriet völlig durcheinander. Während sich das Geschlechtsleben der Massengesellschaft ins Groteske steigerte, sank die Zahl der Nachkommenschaft rapide. Die Vogeleltern, in freier Wildbahn streng in Einehe lebend, hatten nichts im Sinn als Ehebruch, Dreiecks- und Viereckverhältnisse, Polygamie, Vergewaltigungen und Inzest ... Selber blutend und verdreckt, zertrampelten sie die Eier im Nest und ließen die Küken verkommen. Die Jungen, die dennoch überlebten, lernten nicht einmal für sich selber sorgen.»[142]

Der Daseinsdruck wird innerhalb der Tierwelt dadurch aufgefangen und von den einzelnen Gattungen überstanden, daß der weisheitsvolle Instinkt das Gattungsverhalten steuernd regelt. Wird der «äußere Druck» künstlich beseitigt, dann bricht der natürliche Instinkt im «Innern» zusammen. Entartungserscheinungen im generativen Bereich sind die Folgen. Der «äußere» Druck kann auch ein «innerer» werden: wenn nämlich gelegentlich oder regelmäßig mehr Nachkommen geboren werden, als die Tiere aufziehen können, setzen «soziale Streßerscheinungen» ein, die entweder die sexuelle Betätigung der erwachsenen Tiere verhindern oder aber die Nachkommen vernichten. «Bei Mäusen und anderen Nagetieren werden (im genannten Fall) die besamten Eier nicht gleich wieder ausgestoßen. Bei wilden Kaninchen werden selbst halb entwickelte Embryonen in der Gebärmutter des Weibchens wieder aufgelöst. Bei Spitzhörnchen werden die neugeborenen Jungen aufgefressen. Außerdem unterliegen den Streßsymptomen oft alte und schwächere Erwachsene.»[143]

Dieselbe Funktion (wie die Instinkte beim Tier) haben die «Normen» für den Menschen.[143] Sie können zwar dort berechtigt wegfallen, wo der Mensch als selbstverantwortliches sittliches Wesen sie sich selbst gibt. Wo sie aber nur eingerissen werden und ein Vakuum hinterlassen, wird das Gegenteil einer humanen Gesellschaftsordnung entstehen; ein Zustand der Strukturlosigkeit, in welchem die reine Animalität herrscht, weil das Menschenbild, von dem ausgegangen wird, den Menschen nicht

---

[142] Wickler- a.a.O., S. 161.
[143] Vitus Dröscher: Geburtenkontrolle bei Tieren schon seit eh und je, in: Das Tier, Nr. 12, 1968.

erfaßt, vielmehr ihn nur erfaßt in seiner Animalität. So wie die Ideologie und der Nationalismus und Rassismus in dem Augenblick entstehen, wo der menschliche Egoismus menschheitliche Zusammenhänge ergreift, wie sie in einer elementaren, vom Bewußtsein noch kaum durchdrungenen Sozialordnung vorliegen, so hat die Sexualisierungsidee die gleichen Elemente in sich: statt ein bestimmtes Sozialgefüge tatsächlich bewußt zu ergreifen und zu gestalten, wird für möglich gehalten, daß bei einer Entfesselung der generativen Kräfte diese durch gewisse Mechanismen notwendig und automatisch zu einer humanen Gesellschaftsordnung führen. Indessen bieten die angenommenen Mechanismen die Gewähr, daß gerade nicht der Fortschritt, wie erhofft, stattfindet, sondern daß sich vielmehr eine Regression abspielt, wie es schon für diejenigen Sozialordnungen geschah, die auf Sprache und Blut basieren. Wo der Mensch nur als Tier begriffen wird, fehlt es nicht an regressiven Erscheinungen.

An die obigen Ausführungen kann sich in der Besprechung innerhalb des Unterrichts all das anschließen, was wir über die Anthropologie der Geschlechtlichkeit an Gesichtspunkten geltend gemacht haben. Das Vorstehende stellt eine erkenntnisleitende Skizze dar, wie sie dem sozialkundlichen Unterricht für einige Stunden zugrundeliegen kann und vom Verfasser auch mehrfach für 11. und 12. Klassen durchgeführt wurde.

b) Fragen des Jugendlichen

1) Embryonalentwicklung

Neben all den bereits ausgeführten Gesichtspunkten bleibt das Bedürfnis im Jugendalter vorhanden, einerseits genaue Kenntnisse über Bau und Funktionsweise der Geschlechtsorgane des eigenen und anderen Geschlechts, über den Akt und das Fortpflanzungsgeschehen zu erlangen, andererseits in den Fragen nach vorehelichem Geschlechtsverkehr, Empfängnisverhütung und Schwangerschaftsabbruch ein Urteil zu gewinnen. Was hierüber schon vermittelt wurde, will nun gewußt und einer eigenen Wertung unterzogen werden. Dies ist eine durch Generationen immer wiederkehrende Fragestellung, die nicht einmal der Induktion von außen (etwa durch Zeitschriften) bedarf, wenn dadurch auch Schwerpunkte gesetzt werden können. Hier wird der Gesichtspunkt vertreten, daß die Geschlechtlichkeit etwas der Schamsphäre Zugehöriges sei und der Intimität in der Besprechung unterliegen sollte, selbst dann, wenn man weiß, daß der rüde Ton unter Gleichaltrigen alles andere als Intimität zu signalisieren scheint. Auch ist unverkennbar, daß Jugendliche selbst das Geschlechtliche als Aufgabe empfinden: den «wahrgenommenen sexuellen Reiz» in seiner «Wertigkeit zu bestimmen und so zu regieren, daß er mit dem (eigenen) Maße harmoniert»[144]. Dafür bedarf der junge Mensch des pädagogischen Beistandes. «Versagen die Erzieher, richten sie, statt aufzurichten, besteht ihre ganze sexualpädagogische Weisheit in der Verkündigung asketischer Weisungen, pathosgeschwängerter Plattheiten und einer Verheimlichung der sachlichen und sittlichen Zusammenhänge und Probleme, so mag es geschehen, daß sich abgestoßene Jungen ihre Maßstäbe an den Landstraßen und Zäunen holen und dann ihren subversiven Vorbildern nacheifern . . . und zum Spielball eines aus ihrem gestaltenden Wollen entlassenen organischen Säfte- und Kräfteprozesses werden . . . Also muß die Erziehung der Art des Fragens Rechnung tragen, in der die zu Erziehenden das Sexuelle sehen» (ebd., S. 122 f.). Ist dazu aber institutionalisierte Erziehung, d. h. die Schule, in der Lage? Beruht dieser geforderte, aber auch notwendige Beistand nicht auf ganz persönlicher Wahl und Beziehung?

Wir sehen nur einen, wenn auch nicht unbedeutenden Themenkreis, der aus dem vorstehenden Katalog der Schule zufällt: die Fortpflanzung. Sie hat auch einen rein biologischen Aspekt, der ob seiner organologischen Grundlage oft als der einzige gesehen wurde und wird. Er wird im Biologieunterricht zu behandeln sein. In der Waldorfschule ist dies Gegenstand der 11. Klasse im Zusammenhang mit der Zell-Lehre, wobei bereits in der 10. Klasse Organfunktionen in ihrem Zusammenhang mit dem Seelischen und Geistigen erörtert wurden. Die ganze Embryologie schließt sich an. Sie berührt aus der Sache unmittelbar das Gemüt ebenso wie die Gesetze der Vererbung. So entsteht in der Oberstufe ein Bild der ganzen Entwicklung von der Konzeption bis zur Reife, d. h. bis zur Geburt. Daneben können Darstellungen der Embryonalentwicklung von Sachkennern auch im frühen Jugendalter eindrucksvoll und verständlich sein[145].

[144] Fischer: a.a.O., S. 119.
[145] Ob seines Bildmaterials und auch in der verständlichen Darstellungsart geeignet ist als Anschauungsmaterial: E. Blechschmidt: Wie beginnt das mensch-

Gerade die Embryologie vermag in ihrer eindrücklichen Entwicklungssprache der Organgestaltung etwas von der darin waltenden Weisheit ahnen und empfindungsgemäß mitschwingen zu lassen, die unmittelbar moralisch am Wesen des Menschen bildet, also auch erzieht. Zu notwendigen Kenntnissen gehört es dann aber auch, wie die Umwelt, sei es über Stoffe, sei es durch die Seele der Mutter sehr stark die Embryonalentwicklung und damit das heranwachsende Kind beeinflußt. Die Wirkung des Contergans auf die Arm- und Beinanlagen ist durch eine «Katastrophe», d. h. durch zahlreiche unvollkommen gebildete Leiber nachträglich und erschreckend bekannt geworden. Weniger bewußt ist, daß sich der Herzschlag des ungeborenen Kindes deutlich erhöht, wenn die werdende Mutter auch nur eine Zigarette raucht. Von ähnlicher Wirkung sind Rauschmittel wie Alkohol, die Psyche beeinflussende Tabletten, Drogen allgemein usf., die auch für Mißbildungen und bleibende organische Schäden verantwortlich sein können. Elternschaft – das kann damit eindrücklich klar werden – verlangt nicht nur eine Denkform, die sich auf die Mutter (und den Vater) selbst erstreckt und die Fragen danach stellt, was ihr bekommt, sondern sie fordert die Grundgebärde dessen, was Liebe immer meint: denken vom anderen her. In diesem Fall ist die Liebe allerdings noch weitgreifender: sie bezieht sich auf das noch nicht geborene, zu erwartende Wesen, fragt danach, was ihm bekommt und gut tut. Das eigene Ich muß sich in seinen Ansprüchen zurücknehmen und das andere noch ganz Unsichtbare, das sich in der Leibwerdung ankündigt, in sich sprechen lassen. Weil dieses andere Ich noch nicht anwesend ist, spricht es vielleicht gerade darum «unsprachlich», aber real? Nämlich in der Hinführung zweier «anwesender Iche» in ihrer vordergründigen Liebesbeziehung. «Mann und Weib haben dem Kind bloß die Hülle zu geben. Mutter- und Vaterliebe werden dadurch aber keineswegs herabgewürdigt. Die Individualität eines Menschen ist schon lange vor dem Begattungsakt der Eltern da. Eine Art unbewußte Liebe führt das Kind zu diesen bestimmten Eltern hin. Als Gegengabe bringen dann die beiden Erzeuger dem

liche Leben? Aschaffenburg, 6. Aufl. 1976; H. Tuchmann-Duplessis et al.: Illustrated Human Embryology, Vol. I: Embryologenesis, 2. Aufl. New York u. a. 1980. – Wer selbst erkenntnisleitende Gesichtspunkte gewinnen will, dem sei F. Wilmar: Vorgeburtliche Menschwerdung, Stgt. 1979, empfohlen. Das medizinische Tatsachenwissen vermittelt kurzgefaßt J. Langmann: Medizinische Embryologie. Die normale menschliche Entwicklung und ihre Fehlbildungen, 5. Aufl. Stgt. 1977.

Kinde ihre Elternliebe entgegen.»[146] Die Tiefe der Welterscheinung, recht verstanden, führt stets an der Klippe vordergründiger Verengung des Fragens vorbei und ermöglicht, die Gesamtheit der Erscheinung im Bewußtsein aufleuchten zu lassen.

2) Geschlechtsbeziehungen

Damit verlassen wir das Gebiet, welches die Schule unmittelbar, d. h. als Institution behandeln kann, und berühren ein weiteres, das den Eltern oder aber dem Erzieher – dies kann im Einzelfall auch der Lehrer sein, nicht als Institution, sondern dann als Person, zu der ein Kontakt besteht – zukommt[147].

Es ist bekannt, daß Pubertierende selbst dann, wenn sie über alles, was die Organgrundlagen des Geschlechtlichen betrifft, informiert wurden, Lexika, Zeitschriften oder ältere Kameraden konsultieren, um erneut etwas über das eigene Geschlecht wie über das andere zu erfahren. Einerseits ist daran die Neugierde beteiligt, nämlich zu wissen, «wie alles ist», andererseits auch die Unsicherheit, ob man denn selbst auch «normal» beschaffen sei, was zum Vergleichen anregt. Gesprächsfetzen der über Generationen gleichbleibenden Themen, schwadronierendes Aufschneiden einzelner «Helden» über ihre Erfolge und Taten, die meist stärker in der Phantasie als in der Realität verwurzelt sind, können ebenso zu diesem neuerlichen Informationsdrang beitragen wie die leiblichen Änderungen, die das Erleben doch stärker beeinflussen, als dies durch rechtzeitige Hinweise darauf schon vorab voll verarbeitet werden könnte. Daneben erregt auch die Funktion dieser Organe ein vermehrtes Interesse, zumal ja auch das Triebverlangen selbst unmittelbar erfahren wird – bei Knaben stärker als bei Mädchen.

Wie soll der Jugendliche nun mit seinem Trieb umgehen? Es gibt hierzu die – bereits wiedergegebenen – kontroversen Begründungen, die von den Thesen der zitierten «neuen Moral» bis zur Auffassung der katholischen Morallehre reichen, daß Geschlechtlichkeit allein in der

[146] R. Steiner: Mann, Weib und Kind im Lichte der Geisteswissenschaft, in: Die Erkenntnis der Seele und des Geistes, GA 56, S. 160 f.
[147] Die Unterscheidung zwischen Institution und Person für den Lehrer mag etwas theoretisch erscheinen. Doch eine Institution «muß» etwa laut Lehrplan Sexualpädagogik betreiben, eine Person *kann* es, sie bedarf dazu der Freiheit. Anders als aus Selbstbestimmung ist auf diesem Gebiet nichts denkbar.

Ehe zu vollziehen sei und gänzlich im Dienste der Zeugung zu stehen habe. Sicher ist einzig, daß menschliche Geschlechtlichkeit im Gegensatz zur tierischen nicht instinkthaft gesichert ist; darum bedarf sie in jedem Fall der Wertsetzung und eigener Normgebung. Es ist bekannt, daß die Bemühung um ein wertendes, sinngebendes Verhältnis zur eigenen Triebwelt ebenso krisenbelastet ist wie der Ausweg in den geschlechtlichen Genuß und «Trieberfolg». Denn der momentane Trost, den der Geschlechtsakt «mit seiner Lust schenkt, um hinterher eine neue Enttäuschung» zu bereiten, ist keine Lösung[148]. So schreibt ein Jugendlicher in sein Tagebuch: «Da hatte ich, was ich oft begehrte. Ich hatte mir oft vorgestellt und gewünscht, bei einem Weib zu schlafen, aber als ich dieses sah, wie es sich anbot, wurde mir plötzlich bewußt, daß der Beischlaf allein nicht schön und gut ist, es gehört mehr dazu, mag man es Liebe nennen» (ebd., S. 121).

Sollte diese in der Beschreibung erkennbare Hemmschwelle fehlen, so zeigt das nicht nur eine beträchtliche seelische Unreife; es läßt auch bedenklich auf die bisher absolvierte Entwicklung zurückblicken. Darum gilt die nachfolgende These sicher zu Recht: «Wer die Ansicht vertritt, Sexualerziehung sollte darin bestehen, der Jugend möglichst uneingeschränkte Gelegenheit zum Geschlechtsverkehr zu verschaffen, hat weder begriffen, was menschliche Sexualität ist, noch was Erziehung bedeutet. Beim Menschen ist Sexualität immer eine Dimension des Menschen.»[149]

Ein Jugendberater, der als psychologischer Ratgeber Briefe Jugendlicher beantwortet, arbeitet auf Grund einiger ihm zugekommener «Fälle» die wohlbekannte Tatsache der jugendlichen Suchbewegung nach einem Partner heraus, die im Falle des «Erfolgs» häufig nur von vorübergehender Dauer ist, und bezieht diese wiederum auf den anschließenden «Bruch», der nach einer Begegnung flüchtiger Art eintreten kann. «Ch. hat sich nicht hingegeben, um ihrer Liebe leibhaftigen Ausdruck zu geben, sondern sie hat seinem Drängen nachgegeben, weil sie sich gedacht hat: ‹Daran soll es nicht liegen, daß er mich verläßt.› Sie hat das Sexuelle gebraucht, um den geliebten Mann an sich zu binden, und dadurch hat sie es mißbraucht: als Mittel zum Zweck. An (seinem) Verhalten zeigt sich ja auch, daß ein solcher Geschlechtsakt seelisch nicht verbindet. Das Sexuelle kann keine Verbundenheit schaffen, son-

---

[148] W. Fischer: a.a.O., S. 120.
[149] H. Hunger: Sexualpädagogik und Sexualmoral, Essen 1972, S. 23.

dern nur Ausdruck einer schon vorhandenen Verbundenheit sein; als solches kann es dann zur gegenseitigen Beglückung beitragen.»[150]

Schon die Tatsache, daß durch das noch unausgereifte Verantwortungszentrum, das Ich, leicht eine Instabilität in den Beziehungen zu einem andersgeschlechtlichen Partner auftreten mag, läßt zur notwendigen Zurückhaltung in geschlechtlicher Hinsicht mahnen[151].

Wir zitieren: «Wo die infantilen Bindungen des Jugendlichen sich nicht als reiß- und zugfest genug erweisen und diese Beziehungen sich nicht mit neuen Formen und Inhalten füllen und erfüllen lassen, werden neue Ideale und Idole aufgerichtet, mit deren Hilfe die Bewußtseinseindrücke gebunden und in neue, oft gefährdete Bahnen gelenkt werden ... Die mächtige sexuelle Triebspannung und ihre mit Schuld und Scham vermengte Bewältigung, Abfuhr und Verdrängung führen zu weiteren Zweifeln an der inneren Autonomie ... Die Einhaltung der *sexuellen Wartezeit* in der Pubertät bereitet dort keine wesentlichen Schwierigkeiten, wo die Identifikation des Jugendlichen mit der Geschlechtsrolle des Vaters oder der Mutter vollzogen werden kann und mit einer seit der Kleinkindzeit kontinuierlich erfolgten Aufklärung (‹soviel wie nötig, nicht mehr als notwendig›) das Vertrauensverhältnis zu den Eltern auch für diesen Bereich bestehen bleiben kann und Entbehrungen an Zärtlichkeit ... nicht ertragen werden müssen. Pubertierende Knaben und Jünglinge, die erotische und sexuelle Regungen konsequenter als junge Mädchen und Frauen trennen, entwickeln in dieser sexuellen Karenzzeit häufig konträre Phantasievorstellungen von ‹Madonnen›- und ‹Dirnen›-Typ (Künkel), die als ‹reine› Mutter-Schwester-Ideale verehrt oder als stereotype Bilder ‹niederer› physischer Sexualität benutzt werden und die Überbrückung erleichtern.»[151a]

Zweifellos gibt es gute Gründe dafür, wenn in der Zeit, wo das Interesse hierfür erwacht, die Problematik des geschlechtlichen Verkehrs

---

[150] E. Ell: Fragende Jugend – Briefe an den Erziehungsberater, Zürich u. a. 1972, S. 121.

[151] Wir halten die von A. Comfort aufgestellten «sexualethischen Imperative», die vielfach als Muster der Jugenderziehung zitiert werden, für unzureichend, da sie ihrerseits die Dimension des Menschen wie eine Sache behandeln in der Art von: Nicht stürzen! Vorsicht Glas! Sie lauten: «Du sollst die Gefühle eines Menschen nicht rücksichtslos ausnutzen und ihn mutwillig enttäuschenden Erfahrungen aussetzen. Du sollst unter keinen Umständen die Zeugung eines unerwünschten Kindes riskieren» (a.a.O.).

[151a] G. Nissen in: Harbauer, a.a.O., S. 17.

erörtert wird. Dabei ist durchaus von Bedeutung, die unterschiedliche Art des seelischen Erlebens im geschlechtlichen Ablauf bei Mann und Frau, wie es durch die moderne Sexualforschung erarbeitet wurde, zu vermitteln, kann dies doch vor tiefgreifenden Mißverständnissen sowie falschen Vorstellungen und Erwartungen bewahren.

In diesem Zusammenhang stellt sich auch die Frage nach dem vorehelichen Geschlechtsverkehr, der im Jugendalter zwar durchaus verbreitet ist, aber dennoch keineswegs die Mehrheit der Jugendlichen umfaßt. Die neuerdings wieder bekanntgewordenen Zahlen von 3000 Schwangerschaften eines Altersjahrgangs von 15jährigen Mädchen und einigen 100 bei noch Jüngeren[152], können erweisen, wie dringend eine Erörterung des Themas ist. Hier zunächst nochmals einige Positionen, die dem Jugendlichen bekannt sind oder als unterschiedliche Argumente zur Verfügung stehen können: «Ganz offensichtlich ist, daß ein solcher ‹Idealzustand› der völligen Enthaltsamkeit aller jungen Menschen bis zur Volljährigkeit eine gefährliche Verarmung und Verkümmerung des Gefühlslebens mit sich bringen würde. Man kann sich nur ausmalen, zu welchen seelischen Erschütterungen und Verwirrungen es käme, wenn die jungen Menschen unaufhörlich zwischen dem naturgemäßen berechtigten Verlangen nach Liebe und dem Gebot der Enthaltsamkeit hin- und hergerissen würden.»[153]

Barczay sieht nicht den Stand der Ehe als maßgeblich für Beziehungen an: «Die Frage der Schuld und Sünde entscheidet sich nicht daran, ob der Geschlechtsverkehr vor oder in der Ehe als verantwortliche Handlung innerhalb einer bestehenden Beziehung zwischen Mann und Frau stattfindet» (zit. n. ebd., S. 54). Ein anderer Theologe, J. Flechter, bietet als ethische Begründung die *Situationsethik* an: «Wie meine sittliche Entscheidung ausfällt, hängt von den Umständen ab. Es gilt immer zuerst zu fragen, wie kann ich hier und jetzt so handeln, daß ich damit Wohlergehen und Glück aller Beteiligten, mich eingeschlossen, erreiche? . . . Absolute und allgemeingültige Maximen kennt nur die Jungfrau oder die Dirne.»[154]

Nun nützt es wenig, die Bandbreite möglicher Wertpositionen zu

---

[152] Süddeutsche Zeitung, 2. 5. 1980.
[153] K. Ahlmark-Michanek: Jungfrauenglaube und Doppelmoral, zit. n. D. Faßnacht: Voreheliche Beziehungen, Schriftenreihe zur Sexualethik, Frkf. 1973, S. 41 f.
[154] Zit., ebd., S. 55.

kennen, wenn der Erwachsene gefragt wird: was meinst du, was lebst du? Zwar kann es sinnvoll sein, die einzelnen Wertsetzungen mit ihren Einschlüssen zu untersuchen und zu klären; – z. B. kann in den vorstehenden theologischen Argumentationen schwerlich ein Pubertierender gemeint sein, handelt es sich doch stets um Entscheidungen Mündiger, die angeführt werden. Aber die Breite unterschiedlicher Haltungen zu dieser Frage entbindet nicht davon, sich selbst der Wertung des pluralen Angebots zu unterziehen. Wie stehst du dazu? – das ist die latente Frage an jeden, der sich als Erzieher auf ein Gespräch einläßt, und auch an denjenigen, der sich entzieht.

Zunächst ist sicherlich dem Alter entsprechend zu differenzieren. Der Jugendliche ist, von individuellen Unterschieden abgesehen, anders, je nachdem ob er 15 oder 19 Jahre alt ist. Wenn die geschlechtliche Reife eintritt, also das Organsystem funktionsfähig geworden ist, fehlt ihm selbstverständlich – unter den gegenwärtigen Lebensbedingungen der Industriegesellschaft – noch die Lebensreife. Diese Reife heißt: die Fähigkeit, das eigene Leben selbstverantwortlich zu führen. Damit muß im Augenblick des Handelns die eintretende Folge soweit abgeschätzt werden, daß diese Folgen auch moralisch und sozial verantwortet werden können. Diese Fähigkeit reift aber in der Biographie erst allmählich; rechtlich ist darum die Mündigkeit mindestens ein Teil der Lebensreife. Nun differiert der Beginn der Geschlechtsreife beim Menschen deutlich und unauflösbar von dem der Lebensreife. Weder Postulate noch libertinistisch-sittliche Maximen können diese Tatsache überspringen. So ist die eigene Unsicherheit des Pubertierenden und die aufkeimende Scham ein Schutz davor, zu tun, was möglich ist, aber noch kaum verantwortet werden kann: die geschlechtliche Kontaktnahme.

Fernliebe oder unbeholfene Begegnungen sind nicht nur häufiger und wohl auch angemessener als das selbstsichere, zielstrebige Auftreten oder die anmaßliche, herausfordernde Haltung gegenüber dem anderen Geschlecht, wenn es um Individualbeziehungen geht. Im Schutz des Kollektivs wird das freilich anders: da gehört neben dem kessen Ton auch die Rüpelei zum Szenarium. Es dauert einige Jahre, also schon weit in die Adoleszenz hinein, bis dann aus den undifferenzierten Sehnsüchten individuell geprägte Verhältnisse sich ausgestalten; dann tritt auch die drängende Frage auf, wie weit gegangen werden kann. Mag der Einzelfall auch von diesem Typus abweichen – insbesondere bei Mädchen ist Reife nicht nur leiblich, sondern auch im Verhalten deutlich beschleunigt –, so sind aktuelle Fragen intimer Beziehungen zum anderen Geschlecht nicht solche der Pubertät, sondern des Jugendalters, d. h. nach dem 16.–18. Lebensjahr. Aber auch dann kann noch schwerlich von jener Dimension personaler Begegnung, wohl aber häufiger von beschwingter Verliebtheit gesprochen werden. Gekennzeichnet ist diese Zeit von mannigfachen «Suchbewegungen». Eine davon besteht darin, ins Gespräch mit dem anderen Geschlecht zu kommen, um es so zu erfahren, und zwar zunächst über Sprache und Wort, über Sinn und Bewegung. Die Wahrnehmung ist zuerst überwiegend seelischer Art mit oft durchaus erotischem Nebenton, sie nähert sich dann in den jugendlichen Begegnungsformen wie Tanz und Spiel auch der leiblichen Berührung und Wesenserfassung. Gemeinsame, auch paarweise Unternehmungen von Theaterbesuch bis zur Wanderung usw. bringen die einzelnen einander näher. Dabei wird Umarmung und Kuß den Reiz neuer Erfahrungen, aber auch neue Begehrlichkeiten wecken. Unabhängig von abstrakten Erwägungen über angemessene Haltungen erlebt der Jugendliche erst dann das Verführerische und die wirkliche Bewährung richtigen, angemessenen Verhaltens. In diesem Zusammenhang taucht jetzt eine weitere Suchbewegung auf, die sich erst der Erfahrung und dem Vergleich, nicht aber der Einzelsituation gegenüber erschließt. Gemeint ist damit, daß trotz aller Tändeleien, trotz oft deutlicher Heftigkeit die Suchbewegung nun auf ein anderes Ich zielt. Dies ist nicht immer schon mit der ersten Bekannt- oder Liebschaft gefunden. Die «große und wahre Liebe» verlangt neben der personalen Begegnung und Erhöhung auch die Bewährung, das Ertragen von Konflikten, das Verstehen des Andersseins, auch die Toleranz. Weglaufen und Neuorientierung ist stets leichter als Er- und Durchtragen und das Wachsen aneinander und miteinander. So sprechen manche Gründe dafür, die Persönlichkeitsreife in der Betrachtung vor der Leibesreife zu würdigen.

Ob nun solche Gespräche zuwegekommen – was wünschenswert wäre – oder nicht, es empfiehlt sich in jedem Fall auch, Jugendlichen sinnvolle Lektüre anzubieten, die über den Zuschnitt mancher Illustrierten hinausgeht und neben sachgerechter Information auch eine bewußt wertende Position bezieht. Da gibt es zwar ein breites Schrifttum, aber nur weniges hält bei der Durchsicht der hier entwickelten Haltung stand. Durchaus auf dieser Linie liegt Marielene Leist: Angst vor Sex? Aufklärung für junge Leute[155]. Das beste Buch scheint mir das von einem Arzt,

[155] Mchn. 1970. Allerdings ist die alle nur denkbaren Fragen einbeziehende

Theodor Bovet, geschriebene: Junge Leute – Sex und Liebe, Biologische und psychologische Informationen für Jungen und Mädchen ab 15[156]. Für etwas ältere Jugendliche ist das manchmal etwas betulich von Situationsberichten ausgehende, Argumente hin- und herwendende, aber durchaus lesenswerte Buch von Evelyn Millie Duval zu nennen: Warum bis zur Ehe warten – Ein offenes Wort für junge Menschen[157].

3) *Empfängnisverhütung, Schwangerschaftsabbruch*

Abgesehen davon, daß die vorgenannte Literatur auch die Themen der Empfängsnisverhütung behandelt, ist für den Erzieher selbst auch nötig, diese Frage ethisch durchdacht zu haben. Eine reine Aufzählung der Möglichkeiten läßt die Wertung vermissen. Den tiefsten Eingriff in den Organismus bedeutet die «Pille» (Ovulationshemmer), steuert sie doch den Hormonhaushalt. Ihre Nebenwirkungen sind noch immer unzulänglich bekannt, daher wird sie von Medizinern für Jugendliche ziemlich einhellig abgelehnt. Die «mechanischen Mittel» selbst sind als «Mittel» wahrnehmbar, d. h. sie stören oder beeinträchtigen u. U. die Gesundheit (Intrauterinpessar). So bleiben sogenannte «chemische Mittel» wie «Patentex oval», das zum sichersten gehören soll. Für sie gilt allerdings eingeschränkt ähnliches wie für die mechanischen Mittel. Anders ist es für die Regelung nach dem natürlichen Zyklus von Ogino-Knaus. Ihre Anwendung ist wohl nur in der Ehe möglich. Sie gilt als ethisch und vor dem Gesichtspunkt der Würde des Menschen einzig angemessen; so dargestellt bei W. Hassauer: Empfängnisregelung und menschliche Freiheit. Moderne Gesichtspunkte zum Problem der Geburtenregelung[158].

Eine Stellungnahme zum Schwangerschaftsabbruch ergibt sich – im

Darstellung für den älteren Leser strapaziös und erschöpfend. Ein Beispiel: «Beim Zungenkuß spielt die Zunge in den Mund des Partners hinüber und verursacht in diesem sensiblen Mundinnenraum vielfältige Reize. Es ist gleichsam eine Vorerfahrung des Geschlechtsverkehrs ... Um ... einem nicht erwünschten ... Geschlechtsverkehr vorzubeugen, wird häufig vor dem Zungenkuß gewarnt. Doch ist er das innigste Zeichen der Zusammengehörigkeit ...» So 175 Seiten.

[156] 3. Aufl. Tübingen 1972.
[157] 5. Aufl. Wuppertal 1973.
[158] In: Mit Kindern leben, Stuttgart 1979, S. 33–49.

Gegensatz zu leicht gängigen Formeln – allein aus einer richtig verstandenen Embryologie. Danach mag nur bei eindeutiger medizinischer Indikation und allenfalls im Vorliegen ganz außerordentlicher sozialer Gründe diese Möglichkeit gedacht werden, denn schon vom ersten Augenblick an ist die sich verkörpernde Individualität an der Leibgestaltung beteiligt. Aus ferner Schicksalsvergangenheit bildet sich das geistig-seelische Gefüge des Menschen, der mit dem Verkörperungsentschluß einen Leib sucht, der ihm angemessen ist. In einer ausgreifenden Suchbewegung durcheilt die Seele (Astralleib) die Welt nach passenden Gelegenheiten. Es wird ein «passendes Elternpaar» gesucht, das aus den Vererbungskräften «die beste Gelegenheit gibt, eine zur (Seelen-) Astralwelt stimmende (Lebens-) Äther- und physische Körperlichkeit zu bekommen. Es kann immer nur das relativ beste und passendste Elternpaar sein, das ihnen diese gibt. Bei diesem Suchen wirken Wesenheiten . . ., die dem ähnlich sind, was man oft Volksgeister nennt»[159].

Aus der naturgegebenen Erfassung der rein äußeren, oberflächlichen Erscheinungen bleibt dem Menschen zunächst die Tiefenschicht der Zusammenhänge verborgen, dadurch wird er im Handeln scheinbar freigelassen. Freiheit besteht aber erst dann, wenn auch die Tiefendimension schicksalsgestaltender Daseinsmächte bei der Frage des Schwangerschaftsabbruches und nicht nur das technisch Mögliche einbezogen wird. Dann ist der Mensch vor kurzschlüssigen Folgerungen eher geschützt.

Durch die Aufbrechung des gesellschaftlichen Normgefüges hat jeder Mensch mehr und mehr sein eigenes Ich an dessen Stelle zu setzen. Für den Jugendlichen ist dies deshalb schwer, weil es zu einer Zeit geschehen muß, in der körperliche und Persönlichkeitsreife noch auseinanderklaffen. Daher bedarf es des Gesprächs. «Notwendig ist eine dialogische (Sexual-)Erziehung, die in der gemeinsamen Befragung der Sexualität durch Erzieher und zu Erziehende besteht und zur verantwortlichen Selbstbestimmung anleiten soll. In dieser Befragung ist die *Befreiung* der Sexualität enthalten, und zwar in der Weise, daß sie auf ihre notwendige *Bindung* befragt wird: Befreiung nicht nur wovon, sondern auch wozu und für wen oder was?»[160]

---

[159] R. Steiner: Theosophie des Rosenkreuzers, GA 99, 28. 5. 1907. Dieser Gedanke kann hier nicht weiter ausgeführt werden, vgl. dazu die Studie von Hoffmeister: Vorbereitung, a.a.O.
[160] Böttcher, a.a.O., S. 143.

Niemandem bleibt die Aufgabe erspart, seinen eigenen Weg zu finden, und dies dann sogar im Zusammenhang mit einem von ihm geliebten und ihn wiederliebenden Menschen. In diesem Sinne weist I. Illies darauf hin, wie das Schamgefühl eine Schutzfunktion entsprechend dem Immunsystem hat und daß «dieses in bezug auf einen geliebten Menschen gar nicht abgelegt, sondern (nur) erweitert (wird), bis sie beide Partner gemeinsam umgibt und nach außen abschirmt. Das Paar verbindet sich nicht nur körperlich-biologisch, sondern auch seelisch-schicksalshaft». Damit wird auf eine Tiefendimension der Geschlechtlichkeit gedeutet, die mit der Inkarnation des Menschen und seinem Schicksal zusammenhängt[161].

Neben der erzieherischen Aufgabe kann die Schule für die Gestaltung des «Wertsystems» einen entscheidenden Beitrag liefern, indem sie dem Jugendlichen die besondere Stellung des Menschen in den Naturreichen, in der Welt und im sozialen Leben verdeutlicht, und zwar fächerübergreifend. «Man kann nicht in der Welt nach rückwärts wachsen, sondern nur nach vorwärts... Das erotische Leben ist gerade so, daß man es richtig hineinstellen muß in das Leben. Wie es erscheint am Menschen und in einem gewissen Jahresalter, so entwickelt es sich auch in einem gewissen Kulturzusammenhang... Wenn die anderen Dinge sich gesund entwickeln, entwickelt sich auch eine gesunde Erotik. Durch das Programmäßige schadet man am allermeisten...»[162]. Geschlechtserziehung ist ein Teil der Gesamterziehung, niemals ein Fach.

[161] Natur und Kultur der Sexualität in der menschlichen Existenz. Ms.-Vervielfältigung, Freiburg o. J. – Die hier anschließenden Überlegungen würden den Rahmen sprengen, gleichwohl soll auf den Gedanken der schicksalsmäßigen Begegnung wie ihn Steiner in GA 99 entwickelt, hingewiesen werden, ferner auf Max Hoffmeister: Reinkarnation, Achberg 1980².
[162] R. Steiner: Die Erkenntnisaufgabe der Jugend. Ansprachen und Fragenbeantwortung, Dornach 1971, 8. 9. 1921.

Personenregister

Vom gleichen Autor sind erschienen:

Die Sozialgestalt der Waldorfschule

Ein Beitrag zu den sozialwissenschaftlichen Anschauungen
Rudolf Steiners

240 Seiten, kartoniert

Nicht nur um der pädagogischen Aufgabe willen entstand aus dem Chaos der Nachkriegs-
zeit 1919 die Waldorfschule, sondern auch als ein Versuch der Befreiung des Geisteslebens
im dreigegliederten sozialen Organismus. In diesem Buche werden Urideen und Verwirk-
lichungen der Schulkonstitution in ihrer Entwicklung vorgeführt. Anregend für jeden, der
«Verwaltung» nicht als etwas unabänderlich Gegebenes ansieht, sondern neue Wege
gemeinsamer Arbeitsgestaltung sucht.

Selbstverwirklichung – Mündigkeit – Sozialität

Eine Einführung in die Idee der Dreigliederung des sozialen Organismus

319 Seiten, kartoniert

Dieses Buch gibt nicht nur die längst fällige Einführung, sondern verbindet die sozialwissenschaftlichen Anschauungen Rudolf Steiners mit der konkreten politischen Situation in
den drei Bereichen des Rechtslebens, der Wirtschaft und des Geisteslebens. Die Analysen,
Überlegungen und Beschreibungen stützen sich auf reiches Tatsachenmaterial und arbeiten
die gesellschaftlichen Funktionen und Strukturen sowie den Zusammenhang mit dem
Menschen heraus. So stellt das Buch eine geschlossene und systematische Einführung in die
Idee der Dreigliederung des sozialen Organismus dar. Darin berührt es zugleich Fragen der
zukünftigen menschlichen Gesellschaftsform, in der der Mensch sich zu verwirklichen
vermag.

Der Mensch in der Gesellschaft

Die Dreigliederung des sozialen Organismus als Urbild und Aufgabe
Herausgegeben von Stefan Leber

191 Seiten, kartoniert

Mit Beiträgen von Chr. Lindenberg, D. Spitta, B. Hardorp,
W. Schmundt, H. Eckhoff, H. Wilken, H. G. Schweppenhäuser

Mit diesem Sammelband soll ein Zugang zur sozialwissenschaftlichen Thematik im Werk
Rudolf Steiners vermittelt werden und die Spannweite der Ideenbildung der Dreigliederung des sozialen Organismus verdeutlicht werden. Dabei kommt es bei gleicher Aufgaben-
stellung durchaus zu unterschiedlichen Antworten und Lösungsvorschlägen oder
verschiedenen methodischen Weisen im Vorgehen. Diese Spannung der verschiedenen
Ansätze ist gewollt – in der Vielseitigkeit sowohl der Thematik als auch der Methodik
steckt für den Leser ein besonderer Reiz.

VERLAG FREIES GEISTESLEBEN STUTTGART

«Menschenkunde und Erziehung»

Schriften der Pädagogischen Forschungsstelle beim Bund der Freien Waldorfschulen

VERLAG FREIES GEISTESLEBEN STUTTGART

Erziehung vor dem Forum der Zeit

Lieferbare Titel:

ERZIEHUNGSKUNST

Monatsschrift zur Pädagogik Rudolf Steiners

herausgegeben vom Bund der Freien Waldorfschulen
Schriftleitung: Dr. Helmut von Kügelgen, Dr. Manfred Leist

Die *Erziehungskunst* bietet Anregungen und Orientierungshilfen in der
Auseinandersetzung mit den brennenden pädagogischen Zeitfragen. In allge-
meinverständlichen Beiträgen stellen erfahrene Pädagogen die vielfältigen
Erfahrungen der Waldorfpädagogik dem Leser für seine Urteilsbildung zur
Verfügung. Eine notwendige Zeitschrift für alle Fragen der menschengemä-
ßen Bildung und Erziehung – weit über die Belange der Waldorfpädagogik
hinaus.

VERLAG FREIES GEISTESLEBEN STUTTGART